# 동물복지의 시대가 열렸다

사람과 동물의 공존을 위한 필수 교양서

# 동물복지의 시대가 열렸다

박하재홍
지음

# 알아야 사랑하고
# 사랑해야 행동할 수 있다

평생 동물을 연구해온 나지만 최근에야 비로소 본격적으로 동물복지에 뛰어들었다. 2012년 3월 12일 서울시장님이 서울대공원에 불법으로 억류되어 돌고래 쇼를 하던 남방큰돌고래 제돌이를 야생으로 돌려보내기로 결정하는 바람에, 나는 졸지에 '제돌이 야생 방류를 위한 시민위원회'의 위원장을 떠맡았다. 겉으로는 떠맡았다고 투덜대지만 내심 주체하기 어려운 기쁨으로 이 일을 맡았다. 애써 잡은 야생동물을 세금을 써가면서 그를 정중하게 그의 고향으로 모시는 일, 그야말로 단군 이래 처음이다. 이번 일로 우리 대한민국도 적극적으로 자연을 보호하는 진정한 의미의 선진국 대열에 합류하는 것으로 생각한다. 선진국이란 그저 자기 영토나 지키고 자국민의 생활고나 해결하느라 여념이 없는 게 아니라 인간 이외의 다른 생물의 권리까지도 챙길 줄 아는 나라다.

한국이 선진국이 되어가고 있다는 또 하나의 징표가 나타났다. 서울시가 지방자치단체로서는 최초로 '동물보호과'라는 조직을 신설했다. 그냥 말로만 동물복지를 떠드는 게 아니라, 그리고 그런 일을 시민단체의 일로 떠넘기는 게 아니라 적극적으로 행정에 반영하겠다는 의지의 표현이다. 2012년 세계적인 환경운동가 제인 구달 박사님이 서울대공원을 방문하여 야생 방류를 앞두고 적응 훈련을 받고 있던 제돌이를 직접 만났고, 서울시가 아예 동물보호과를 만든다는 소식에 아낌없는 찬사를 보냈다.

바야흐로 우리나라에도 동물복지의 시대가 열렸다. 하지만 정작 우리는 동물복지에 대해 아는 게 너무 없다. 내가 늘 하는 말이지만, 알아야 사랑하고 사랑해야 행동할 수 있는데 우리는 아직 동물복지에 대해 배운 게 너무 없다. 이런 점에서 이 책은 가뭄에 단비 같은 책이다. 전시동물과 반려동물에서 농업이나 제조업에 이용되는 동물에 이르기까지 상당히 폭넓게 동물들이 처한 상황을 분석하고 그들을 보살피는 방안을 모색한다. 나는 구달 박사님의 동물보호 운동을 보다 체계적으로 지원하기 위해 '생명다양성재단Biodiversity Foundation'을 설립했다. 이 책은 우리 재단이 가야 할 길에도 좋은 등불이 되어줄 것으로 기대한다. 이제 우리 모두, 우리와 함께 이 지구 생태계를 공유하고 있는 다른 동물들의 삶에도 애정을 가지고 그들을 보살필 줄 아는 선진 국민이 되었으면 한다.

최재천(이화여대 에코과학부 석좌교수 / 생명다양성재단 대표)

죄 없는 눈빛으로 인간 안에 태어나

날카로운 손아귀에 거칠게 끌려가

축복과는 상관없는 운명 속에 살아갈

2001년 나는 군대를 제대하자마자 랩 가사를 써내려갔다. 내 인생의 첫 번째 랩 가사. 그때 나의 유일한 목표는 거리의 래퍼가 되는 것이었고, 당장 실현할 수 있는 꿈이기도 했다. 랩으로 사람들의 호응을 얻으려면 두루 듣기 편한 가사를 써야 했을 텐데 스물세 살의 나는 좀 비장했다. 세상에 외치고 싶은 말부터 단호하게 내뱉기를 원했다. 망설임 없이 '공장식 축산'에 대한 강렬한 비판을 쏟아냈으니….

농장 동물을 밀집형으로 길러내는 공장식 축산의 잔혹한 현실은 나의 양심을 괴롭혔고, 이대로 살아서는 안 되겠다는 의지를 갖게 했다. 난 거리에서 랩을 쏟아내며 동물보호단체 주변을 기웃거리기 시작했다. 그러다가 운 좋게도 그해 겨울 '영국동물학대방지협회'에서 주최하는 워크숍에 껴들어 수강할 기회를 얻었다. 난생처음 귀에 동시 통역기를 꽂고 유럽 캠페인 담당관의 말을 열심히 귀담아들었다. 그때 처음 듣게 된 생소한 네 글자는 뚜렷하게 머릿속에 저장되었다.

동.물.복.지.

동물복지는 동물권리의 아래 개념이다. 동물권리란, 사람에게 인권이 있 듯이 동물에게도 마땅히 보호받아야 할 권리가 있다는 철학이다. 동물에 겐 기본적으로 본성에 따라 살아갈 권리가 있으니, 사람은 동물의 본성 을 마음대로 침해하며 이용할 수 없다는 것이 동물권리의 이론이다. 이 에 비해 동물복지의 개념은 좀 더 유연하다. 동물을 이용하되 살아있는 동안만큼은 심한 공포나 고통을 느끼지 않도록 배려해야 한다는 원칙, 그것이 바로 동물복지다.

그 당시 나에겐 동물복지보다는 동물권리가 더 마음에 와 닿았다. 인간 에 의해 비참해질 대로 비참해진 동물들의 처지를 알면 알수록 화가 났 다. 특히 공리주의 철학가 피터 싱어가 저술한 이론서 『동물 해방』은 나 의 행동지침 1순위였다.

마침 한국을 방문한 피터 싱어 교수를 만나볼 기회가 생겼다. 2003년 가 을 환경단체의 캠페인을 돕기 위해 서울 명동 거리에서 랩을 하고 있을 때였는데, 내 랩이 끝나길 기다렸다가 그가 마이크를 잡고 몇 마디 이야 기를 전했다. 그때 찍은 사진을 꺼내 볼 때마다 다짐했다.

'동물권리를 실천하는 삶을 완성해가자!'

그러나 동물권리를 실천하는 삶은 고민할수록 미궁에 빠져들었다. 주변을 둘러보면 사회는 온통 동물을 괴롭히며 학대하고 있었다. 거리에는 공장식 축산에서 비롯된 고깃집이 즐비하고, 몸살감기 때문에 사 먹은 알약도 동물실험과 관련이 있을지도 모를 일이었다. 모피는 물론이고 운동화 또한 가죽제품이 흔했다.

아스팔트 도로 위엔 매일 동물의 사체들이 흩어지고 사라진다. 한번은 환경단체 캠프에서 주최하는 겨울 산의 불법 올가미 제거 활동에 참여했는데, 단 두세 시간 만에 수십 개의 올가미가 수거되었다.

도시고 시골이고 할 것 없이 동물에 대한 온정 따위는 기대하기 힘든 것 같았다. 특히 구제역과 조류인플루엔자가 퍼지면서 농장 동물들을 마구잡이로 생매장하는 우리나라의 현실은 절망 그 자체였다. 2002년 월드컵 때 붉은 악마가 보여주었던 감동이니 뭐니 다 쓸모없어 보였다. 나를 포함해 사람들이란 그냥 악마 같아 보였으니.

그렇다고 한탄만 하며 지낼 순 없는 노릇이었다. 나는 곧 사회적 기업 <아름다운가게>에 활동가로 지원해서 직장 생활을 시작했다. 아름다운가게는 재활용을 확산시키는 일을 하는 곳이니 환경적으로도 좋고, 동물착취와도 거리가 멀었다. 재활용을 많이 할수록 동물에게 가는 피해도 줄어들기 마련이니까.

활동가로 지내는 6년 동안 낮에는 일하고 밤에는 랩하러 다녔다. 랩은 내 삶의 활력소였다. 그동안 서울에서 거리 공연을 할 만한 곳은 모두 다녀 본 것 같다. 나는 괜찮은 랩과 음악을 만들기 위해 고군분투했다. 동물 해 방을 위한 불타는 의지는 점점 수그러들었지만, 짙은 초록색 표지의 책 『동물 해방』은 책상 위 가장 잘 보이는 곳에 꽂아 두었다. 동물 관련 뉴스 도 매일 챙겨 보았다. 자정이 다 되어 집에 들어가는 날에도 쓸 만한 소식 들을 내 블로그 '동물권리를 위한 목소리'에 옮겨 놓고 잠들 정도였다. 그 러자 관심 있는 사람들이 하나둘 모여들었고, 내 블로그 소식을 구독하 기 시작했다. 우리는 댓글로 한탄하며 서로 위로했다.

하지만 그것도 차츰 시들해져 갔다. 동물 문제 해결을 위한 의견들도 다 양했고 지식인들의 비평도 즐비했지만 도무지 한국의 현실은 막막하고 답답할 뿐이었다. 동물권리건 동물복지건 유럽에서나 통하는 말이구나 싶고.

다행히 답답한 마음에 시원한 물줄기가 생겼다. 침팬지의 어머니라 불리 는 제인 구달 선생님의 『제인 구달의 생명사랑 십계명』이라는 책을 만났 기 때문이다. 어려운 말을 쓰지 않고도 동물에 대한 감수성을 자라나게 하는 이야기와 그의 환경 운동 '뿌리와새싹'은 내게 새 기운을 불어넣었 다. 생명사랑 십계명의 첫 번째 계명은 이렇다.

"우리가 동물 사회의 일원이라는 것을 기뻐하자."

나는 뿌리와새싹 운동에 동참해야겠다고 생각했다. 때마침 2006년부터는 <아름다운가게>의 헌책방을 담당하게 되었다. 나는 헌책방에 '뿌리와 새싹'이라는 별칭을 붙였다. 실내장식은 달광선이라는 예술가와 재활용으로 꾸미고, 책방을 연 후에는 환경과 동물 문제에 관심 있는 사람들을 수시로 불러들였다. 그리고!

기적처럼 제인 구달 선생님이 헌책방을 찾아 왔다. 2007년 11월 한국을 방문한 그의 환영 행사를 자원해서 준비한 덕분이었다. 제인구달 선생님은 한국에 오면 동물 행동학자 최재천 선생님과 늘 동행하는데, 나는 책방을 열 때부터 최재천 선생님께 이런저런 문의를 해왔던 터였다.

제인 구달 선생님이 온다는 소식을 듣자마자 나는 환영 행사를 도맡아 진행하겠다며 호들갑을 떨었다. 최재천 선생님이 재직 중인 이화여대에서 환경문제에 관심 있는 학생들과 '뿌리와새싹' 대학 모임을 조직하고, 재활용 악기로 화려한 퍼포먼스를 선보이는 '노리단'을 섭외했다.

제인 구달 선생님은 노리단의 공연을 참 좋아했다. 그리고 당신을 보기 위해 몰려든 사람들에게 생명사랑 십계명을 전해 주었다. 마지막 계명까지 사람들은 숨죽이며 귀를 기울였다.

"우리는 혼자가 아니다. 희망을 갖고 살자."


점점 희망이 보이기 시작했다. 그동안 동물보호단체에서만 뜸하게 사용하던 '동물복지'란 말이 2008년부터 인터넷에서 자주 등장했다. 일요일 아침마다 동물의 아픔과 기쁨을 전하는 방송 프로그램은 날로 인기를 더하며 이 땅의 동물보호법 개정에 힘을 실어 주었다.

동물보호법의 내용은 동물복지의 원칙을 기준으로 삼는다. 나는 예전보다 동물복지란 말에 더 관심을 기울이게 됐다. 동물권리의 철학을 바탕으로 탄생한 동물복지의 개념과 원칙은 명쾌하고 현실적이다.

동물권리는 동물과 인간의 관계를 성찰하게 하는 중요한 철학이지만, 현실적으로는 뚜렷한 답을 내놓을 수가 없다. 사람은 어느 선까지 동물의 삶에 관여할 수 있는가? 동물을 도덕적으로 어디까지 헤아려야 하는가? 철학가마다 그 기준은 달라진다. 대표적으로는 피터 싱어의 동물해방론과 톰 레건의 동물권리론이 동물권리 철학의 오래된 이론이고 우리는 철학가들의 다양한 생각을 두루 살펴 참고할 뿐이다.

반면에, 동물복지는 현실적인 원칙이다. 사람의 통제하에 살아가는 모든 동물이 기본적인 안정을 누릴 수 있도록 규칙을 정하고 제도를 만드는 것이다. **동물복지는 동물에 대한 최소한의 자비며, 인간을 돕고 인간을 위해 희생되는 동물에 대한 최소한의 예의다.**

하지만 이 또한 가까이 하기엔 어려움이 있긴 하다. 도대체 어디서부터 어디까지가 동물복지의 내용인지를 한 번에 이해하기란 쉽지 않다. 게다가 동물의 범주도 아리송하고 동물마다 기준도 다르고.

국내엔 동물권리를 주제로 하거나 반려동물 또는 동물원 동물처럼 특정 동물 분야에 대한 전문 서적은 여러 권 나와 있지만, 동물복지를 전반적으로 설명하는 책은 없어 보인다. 그나마 동물복지를 언급한 내용도 대부분 머나먼 외국의 사례들이라서 우리나라의 상황은 어떠한지 알기 힘들다. 그도 그럴 것이 국내에선 2012년이 돼서야 동물복지 제도를 본격적으로 시행하고 연구하려는 참이었기 때문이다.

답답한 마음에 내가 먼저 동물복지에 대한 자료를 모아 책을 내게 되었다. 동물복지는 '농장동물, 전시동물, 반려동물, 실험동물' 이렇게 4종류의 '비非야생동물'을 대상으로 한다.

인간의 통제로부터 자유로운 야생동물은 보호의 대상이지만 복지의 대상은 아니다. 그래서 아스팔트 도로 위 야생동물의 죽음을 뜻하는 '로드킬' 관련 내용을 넣어야 할지 말지 한참을 고민한 끝에 넣게 되었다. 야생동물뿐만 아니라 비야생동물도 교통사고를 당하는 경우가 빈번한데다, 운 좋게 목숨을 건진 야생동물이 구조된 상황이라면 인간의 통제를 받기 때문이다. 통제 기간에는 야생동물도 동물복지의 혜택을 확실히 받아야 한다.

이 책에 인용된 자료들은 모두 동물보호를 위해 헌신적으로 일한 운동가들과 동물의 복지를 위해 심층적인 기사를 쓴 기자들에게서 나왔다. 특히 누구보다도 동물의 입장에 관심을 기울여온 한겨레신문사 조홍섭, 남종영, 최우리 기자의 글에서 많은 부분을 인용했다. 기사를 읽고 또 읽으면서 우리나라에서도 동물복지가 상식이 되는 그 날이 멀지 않았음을 느꼈다. 아니, 코앞에 다가오고 있는 게 분명하다. 이 책을 들고 있는 여러분의 따뜻한 마음까지 더한다면.

2007년 한국을 방문한 제인 구달과 함께
+ 제인 구달에게 받은 손편지

초판 표지

날마다 희망적인 소식과 절망적인 소식이 뉴스에 오르내린다. 다행한 건 희망의 플러스와 절망의 마이너스를 합했을 때 아주 작은 희망이 남아 새로운 가능성을 열어준다는 점이다.

한국은 2012~2016년 사이에 동물복지의 제도적 기틀이 마련되었다. 이후에는 더 정교하게 보완하고 확장하고 실현하는 움직임이 꾸준하다.

개정판에서 가장 특별한 부분은 **2017~2022 대한민국 동물복지 이슈**(229~246쪽)이다. 2017년부터 하루도 빠짐없이 동물복지 관련 뉴스를 검색하고 요약해서 트위터 '동물복지 봇'에 공유했는데, 그중에서 뽑았다.

동물복지는 그저 최소한의 친절일 뿐이다. 그 필요성과 한계를 알고 동물복지 기준이 꾸준히 높아질 수 있도록 응원해 주기를 바란다.

2021년 3월

박하재홍

차례

## 4장  보이지 않는 곳의 동물

## 5장  동물을 생각하는 여행하기

# 1장

# 농장에 있는 동물

- 돼지도 장난감이 필요해
- 닭에게 춤을 허하라
- 소는 인간의 오랜 동료
- 아이스크림과 얼룩송아지

# 돼지도
## 장난감이 필요해

내가 어렸을 땐 영리한 개가 주인공으로 활약하는 외국의 TV 영화가 인기였다. 위급한 상황을 헤쳐 나가는 개의 연기 솜씨는 언제 보아도 놀라웠다. 마치 줄거리를 다 이해하고 연기하는 것처럼 개의 행동은 정확했다. 1995년에는 깜짝 놀랄만한 또 다른 동물 배우가 등장했다. <꼬마 돼지 베이브>라는 영화 속 새끼 돼지 베이브. 그는 엄마를 잃고 나서 양치기 개를 엄마처럼 따르다가, 양들을 잘 지휘할 수 있는 자신의 천부적인 소질을 발견하게 된다. 양치기 개들은 사납게 으르렁거리면서 위협적으로 양 떼를 몰았지만 베이브는 달랐다. 양들에게 다가가 친절한 말투로 그들의 마음을 움직였다. "내 말 좀 들어줘, 여기서 왼쪽으로 옮겨가 주지 않겠니?" 하고 말이다. 그러니 조용하면서도 정확하게 양을 몰 수 있었다. 베이브의 능력을 알아챈 농장 주인은 베이브를 양치기 개들의 양몰이 경기에 출전시킨다. "뭐야, 돼지가 양을 몬다고?" 난데없는 돼지의 출전에 폭소를 금치 못하던 관중들은 베이브가 차분하게 양을 몰기 시작하자 벙벙한 얼굴이 되고 만다. 돼지의 지능이 개에 못지않다는 사실을 알았더라면 그렇게까지 놀라지는 않았을 텐데! 돼지는 거울에 비친 자기 모습을 살피면서 주변 상황을 파악할 정도로 판단력이 뛰어나다.

## 돼지에게 장난감이 필요하다고?

영화 <꼬마 돼지 베이브>는 돼지의 두 가지 특징을 알려준다. 첫째, 돼지는 훈련을 통해 영화를 찍을 수 있을 정도로 지능이 높다는 점. 둘째, 돼지는 비교적 활발한 성격의 동물이라는 점. 돼지가 움직이기 싫어하는 멍청한 동물이라는 편견은 당장 버려야 한다. 대신 다음 사실을 기억해 두자. '돼지는 지능이 높고 활발하므로 지루한 걸 못 참는다.'

동물의 고통을 염려하는 유럽의 동물복지 전문가들은 "모든 농장 돼지에겐 장난감이 꼭 필요하다"라고 주장해 왔다. 얼핏 들으면 쓸데없는 말 같지만 위에서 말한 돼지의 특징을 염두에 두면 그건 당연하다. 돼지에게 지루함은 고문과 같으므로!

돼지들은 코로 축구공을 몰고 다니거나 천장에 매달린 쇠사슬을 이리저리 끌어당기면서 재미를 느낀다. 장화나 인형, 음악이 나오는 라디오도 돼지가 좋아하는 장난감들이다. 유럽의 동물복지 전문가들은 유럽연합EU, European Union의 동물복지 규칙에 **돼지를 위한 장난감 제공**이라는 조항을 넣기 위해 오랫동안 노력해 왔다.

지성이면 감천이라 했던가. 마침내 유럽연합의 동물복지 규칙이 개정되었다는 희소식이 전해졌다. 2003년 2월부터 유럽연합은 회원국의 모든 돼지에게 의무적으로 장난감을 제공하도록 조치하겠다는 내용을 발표했다. 자연히 돼지의 지루함을 효과적으로 덜어줄 수 있는 장난감 개발

자들도 생겼다. 독일 카셀 대학의 연구자들은 정부와 협력하여 돼지를 위한 장난감 개발에 몰두하고 있다. 돼지 장난감의 품질 요건은 무척 까다로워서 기획에서 제작에 이르기까지 쉬운 일이 아니라고 한다.

몇 해 전 친구의 차를 얻어 타고 우연히 돼지 축산 농가 근처를 지나갈 때 나도 모르게 혼잣말을 중얼거렸다.

"돼지들한테는 장난감이 필요한데…."

"뭐? 무슨 장난감?"

운전하던 친구는 의아한 얼굴로 나를 쳐다보았다. 제일 좋아하는 음식으로 삼겹살을 꼽는 친구다 보니 선뜻 살아있는 돼지를 생각하기가 곤란한 듯했지만 설명을 듣고는 기꺼이 동의해 주었다.

양돈 국가로 유명한 덴마크에선 장난감을 제공하라는 유럽연합의 규정은 물론이고 '진흙 목욕 수령 제공'이라는 규정까지 덧붙이고 있다. 땀샘이 퇴화한 탓에 몸이 쉽게 뜨거워지는 돼지가 시원한 진흙탕에서 뒹굴며 체온을 떨어트릴 수 있게 하기 위해서다.

노!

돼지 우리 안에 장난감이 없다면 대략 난감
꿀 꿀 코끝으로 공을 굴리면서 한바탕 놀다
첨벙 뛰어 들어갈 차가운 진흙 목욕탕

## 돼지에 관한 여러 오해들

평소 돼지고기 요리를 즐겨 먹는 사람도 꿈속에선 살아있는 돼지를 만나고 싶어 할 게 분명하다. '돼지꿈'은 길몽 중의 길몽으로 꼽히니 말이다. 어르신들 말씀으로는 꿈속에서 돼지가 따라오거나 끌어안으면 복이 굴러 들어온단다. 장사꾼들은 새끼를 품에 안고 있는 어미 돼지 그림을 걸어 놓고 번창을 빌기도 했다니, 돼지는 생긴 그대로 복덩이다. 반면, 꿈속에선 복스러운 돼지가 우리말 속에서는 천대를 받게 될 때가 많다. 더럽고 너저분한 방에는 꼭 돼지우리 같다는 핀잔이 뒤따르곤 한다.

사실 돼지에겐 말 못할 사연이 있다. 돼지는 본래 깨끗한 걸 좋아한다. 화장실 터는 잠자리에서 멀리 떨어진 곳에 정하고 꾸준히 한 장소만 사용한다. 소나 닭은 훈련을 시켜도 지정해 준 곳을 이용하지 못한다고 하니, 돼지의 깔끔한 성격은 유별난 편이다. 하지만 현실은 어떤가. 보통 좁은 공간에 돼지를 가둬 기르다 보니 돼지는 깨끗할 수 없다. 용변 양이 워낙 많기도 하고, 물이나 진흙이 없는 상황에서 돼지는 배설물을 온몸에 발라서라도 체온을 식힌다고 한다.

흔히 욕심쟁이를 돼지에 비유하는 표현도 부당하긴 마찬가지다. 여기, 동물원에서 오랫동안 돼지를 관찰해온 마승애 수의사의 이야기를 들어보자.

"돼지는 생긴 것과 달리 과식하지 않습니다. 어미의 젖을 먹는 시기의 새

24

끼 돼지조차 자기에게 주어진 모유의 양을 정확하게 지키고, 형제 것을 탐하지 않아요. 새끼 돼지는 어미의 여러 개 젖꼭지 중에서 자기 것을 정확하게 알고, 어미는 새끼들 모두 젖을 물었다는 것을 확인한 다음에야 젖을 흘려 내보냅니다."

<헤럴드 생생뉴스> 2006년 12월 30일 자 「돼지에 대한 진실과 오해」 중에서

오~ 기특한 돼지들!

마승애 수의사의 말에 따르면, 튼튼하게 자란 돼지는 무려 시속 48km까지 뛸 수 있고 수영에도 선수라고 한다. 열심히 뛰어논 뒤엔 진흙탕으로 뛰어들어 목욕을 즐기겠지?


## 돼지를 가두는 철창 감옥

그나마 넓은 공간에 사는 동물원의 돼지들은 그런데로 '돼지다운 성격'을 유지하고 있다. 그렇다면 지금 우리나라에 사는 농장 돼지들의 상황은 어떨까? 안타깝게도 대부분이 좁디좁은 우리에 갇혀 있다. 진흙 목욕탕은 고사하고 가지고 놀 장난감 하나 없는 곳에서 돼지들은 무기력감에 빠져 잘 움직이지도 않는다. 때로는 극심한 스트레스로 다른 돼지의 꼬리를 이빨로 잘라 버리는 이상 행동을 보이기도 하고.

이런 행동을 '꼬리 물기'라고 하는데, 푹신한 깔짚이 아니라 딱딱한 바닥으로 된 밀집 사육장에서 빈번하게 발생한다고 한다. 밀집 사육장 중에서도 가장 악명 높은 돼지우리는 '스톨stall'이라는 것이다. 겨우 길이 2m에 폭 60cm다. 보통 몸길이가 110cm에 몸높이가 71cm인 돼지의 몸집을 생각해보면 스톨은 돼지우리가 아니라 철창 감옥이다.

이 안에서는 앉고 일어나는 게 움직임의 전부다. 새끼를 얻기 위해 사육되는 대부분의 어미 돼지들은 이 철창 안에서 새끼를 낳고 젖을 먹이다가 비참한 삶을 마감한다.

지난 2001년부터 유럽연합에서는 이 잔인무도한 스톨 사육을 막기 위해 노력하고 있다.

"이제는 돼지를 스톨에서 사육하지 마라!"

두둥! 2013년 1월 1일 유럽연합은 '스톨 사육 금지'라는 지침을 시행하기로 결의했다. 어미 돼지 10마리 이상을 기르는 농가는 모두 그 대상이다. 유럽연합의 스톨 사육 금지령이 순탄하지만은 않다. 시설비도 만만치 않고, 기준에 따르자면 상대적으로 기를 수 있는 돼지 수도 적어지므로 많은 농가가 꺼릴 수밖에 없다.

일찍이 1999년부터 스톨 사용을 금지해왔던 영국은 다른 회원국들의 미온적 반응에 불만을 토로하고 있다. 하지만 전 세계적으로 스톨이 사라지길 기대해 봐도 좋을 것 같다. 미국, 캐나다, 호주 등의 대표적인 돼지 사육 업체에서도 스톨 사육을 없애기 위해 노력하겠노라고 줄줄이 발표를 이어가고 있으니 정말 반가운 일이다.

무엇보다 놀라운 일은 세계 최대 패스트푸드 기업인 M사가 스톨 사육 금지에 적극적으로 나서고 있다는 사실이다. M사는 2012년 2월부터 돼지고기를 공급하는 업체들에게 스톨 사육을 줄이기 위한 구체적인 계획을 요구해왔다. 스톨을 끔찍하게 생각하는 소비자들의 요구에 어울리는 기업이 되기 위해서다. 이어 2013년 4월 19일엔 영국에서 영업 중인 모든 지점에서 100% 동물복지가 지켜진 돼지고기만을 사용하겠다고 발표했다. 소비자의 선택과 요구는 이렇듯 큰 변화를 이끌어 낸다.

## 항생제, 공장식 축산이 키워낸 괴물

동물을 움직이지 못하도록 가둬 기르는 공장식 축산의 목적은 간단명료하다. 바로 짧은 시간 안에 동물을 살찌우는 것.

꼼짝달싹 못하는 농장동물들에게 지방 축적에 유리한 사료가 공급되고 동물들은 급격히 불어나는 몸집에 비해 비좁은 감옥에서 많은 스트레스를 받게 된다. 이런 이유로 신체의 지방 균형이 깨지면 면역력이 떨어져 수시로 염증성 질환이 일어나기도 한다. 이런 상황에 우리 인간들은 어떻게 대처했을까?

동물에게 각종 질환을 누그러지게 하는 만병통치약을 처방했다. 그 약의 이름은 '항생제'. 항생제는 효력이 대단하지만 잘못 사용하면 체내에 내성균을 만들어 건강뿐 아니라 자연계에 치명타를 날리는 물질이기도 하다. 내성균은 자신을 없애려는 항생제에 대항해 살아남아서 힘이 세진

세균을 말한다. 이 균은 무서운 속도로 진화하기 때문에, 일단 몸에 침입하면 치료하기가 힘들다.

공장식 축산으로 기른 대부분 동물은 내성균을 잔뜩 품고 있다가 그 고기를 섭취하는 사람에게 전달한다. 이렇게 위험한데도 공장식 축산은 당연하게 항생제를 투여하는 방식으로 운영해 왔다. 동물을 급속도로 자라게 하는 항생제의 마력 때문이다.

항생제는 원래 가축의 전염병을 방지할 목적으로 사료에 첨가했는데, 예상치 않은 결과를 얻게 된 셈이다. 사료 1t에 항생제 2~3kg을 섞었더니 돼지, 소, 닭의 성장 속도가 50%나 증가했다는 사실! 이것이 1950년의 일이고 그 이후로 항생제만 한 위력을 지닌 물질은 여태 개발되지 않았다. 이쯤 되면 항생제란 놈은 무시무시한 괴물인 게 분명하다.

우리나라의 상황은 어떨까. 오오 불명예스럽게도 축산업계의 항생제 사용량은 어마어마하다. 2002년 한해 축산물 1t에 910g의 항생제를 사용했는데 이는 전 세계 최고 수준이었다. 2위를 차지한 이웃 나라 일본이 사용한 항생제의 2.5배 스웨덴에 비해선 30배나 되는 양이다. 2006년 조사에서도 우리나라 축산물의 항생제 사용량은 호주의 37배에 달했고, 공장식 축산의 대표 국가인 미국보다도 2.5배 높았다.

정부는 국산 축산물의 안전성을 높이기 위해 항생제 사용을 일부 제한하다가 2011년 7월부턴 항생제 사료를 전부 금지했다. 그러나 완벽한 해결책은 아니었다. 그나마 항생제를 대신해서 질병을 완화할 수 있는 천연 물질들이 개발되고는 있지만 밀집 사육을 하는 돼지와 닭 농가에서는 그

것만으로 마음을 놓을 수 없었나 보다. 농장주들 스스로 동물의 건강 상태를 진단해서 사용하고 있는 '항생제 약품'의 소비가 늘었으니 말이다. 정부에선 추가 대응책을 마련했다. 수의사 처방을 통해서만 동물에게 항생제 등의 약품을 사용할 수 있게 하는 '수의사 처방제'가 그것이다. 이 제도는 2013년 8월부터 시행되고 있다. 반면에, 2001년부터 돼지 사료에 사용이 허가된 성장촉진제 '락토파민'은 대량으로 소비되고 있다. 안전성에 대해 갑론을박이 있는 만큼 락토파민을 먹인 돼지고기 유통을 허용한 나라는 미국 등 20여 국가뿐인데, 유럽연합은 동물복지 측면을 고려해 금지하고 있다.

## 푹신한 왕겨가 깔린 친환경 돼지농장

주위를 살펴보면 동물의 질병에 크게 걱정하지 않는 친환경 농장도 더러 있다. 200여 마리의 돼지를 기르고 있는 충남의 '새농민 농장' 같은 곳이다. 이곳의 돼지우리 바닥에는 푹신한 왕겨가 깔려 있어서 돼지들이 좋아한다. 공간도 여유로워서 돼지들이 유유히 걸어 다닐 수 있도록 해 놓았다. 돼지 분뇨는 왕겨에 섞여 자연스럽게 퇴비로 변한다. 냄새도 거의 나지 않을뿐더러 아주 청결하다. 새농민 농장 주인은 한 방송사와의 인터뷰에서 이렇게 얘기했다.

"가축 사육은 원래 퇴비 생산을 위한 것입니다. 고기, 우유, 달걀 등이 주

목적이 아니에요. 동물 사육과 퇴비 만들기가 균형을 이루지 못한다면 저 또한 축산을 그만둬야 한다고 생각합니다."

그는 자연의 이치를 우선으로 생각하는 소박한 사람이었다.

이 농장과 똑같은 면적에 700마리가 넘는 돼지를 가둬 기르는 돼지 농가들은 이런 균형을 만들어 낼 수가 없다. 밀집 사육 농가에서는 어마어마한 양의 분뇨를 기계적으로 처리하고 있다. 그런데도 사육 환경은 오히려 비위생적이라서 질병에 취약하다.

휴… 돼지도 농장주인도 살기 힘든 세상이다. 이처럼 고된 세상에서 조금이나마 서로의 몸과 마음이 편해지려면 동물복지 농장만이 답이다.

문득 지난날이 떠오른다. 공장식 축산에 대한 강렬한 비판을 랩으로 쏟아냈던 나의 첫 거리공연, 친한 사람들과 단골식당에 옹기종기 모여앉아 감상했던 <꼬마 돼지 베이브>. 그땐 낡은 비디오테이프를 빌려 오래된 텔레비전으로 보았던 터라 화질도 음질도 흐릿했지만, 여전히 내 머릿속엔 초원에서 코를 실룩이던 베이브의 얼굴이 선명히 살아있다. 베이브를 연기한 아기 돼지는 총 42마리였다고 한다. 영화를 찍는 동안 몸이 빨리 자란 탓에 주연 배우가 계속 교체되었기 때문이다.

궁금하다. 영화 촬영을 마친 꼬마 돼지 베이브는 어떻게 지냈을지. 영화에서처럼 넓은 농장에서 뛰어다니며 지낼 수 있었을까. 코끝으로 몰고 다닐 축구공 하나쯤 가질 수 있었을까.

# 닭에게 춤을 허하라

부드러운 선율에 감미로운 목소리, 신나게 몸을 흔들기 좋은 음악. 1980년대 한국에서 선풍적인 인기를 끌었던 유럽 댄스음악의 특징이다. 당시 세계적으로 인기를 누렸던 런던보이즈, 모던토킹 같은 가수를 물어본다면 얼굴에 반짝 화색이 돌 어른들이 숱할 것이다. 머릿속으로 그때 그 시절을 회상해 본다. 많은 젊은이가 디스코 장에 모여들어 춤을 추었고, 발 디딜 틈 없이 빽빽한 공간에서 춤추기 좋은 동작들이 속속 개발됐다. 그 춤들은 이른바 '닭장 댄스'라 불렸다. 좁은 닭장의 닭들처럼 옴짝달싹 못 하는 모양새로 보였으니까. 온몸에 땀이 나도록 한바탕 닭장 댄스를 즐긴 다음엔 시원한 맥주에 바싹 튀겨진 닭고기가 당겼을지도 모르겠다. 접시 위의 닭들은 살아생전 춤은 고사하고 날개 한 번 시원하게 뻗어본 적도 없었을 테지만.

31

## 수탉 춤을 추는 칠레 사람들

닭도 자기들만의 춤이 있다. 좁은 닭장이 아니라 자유롭게 놓아 기르는 들녘에서만 제대로 그 실력을 뽐낼 수 있다. 가슴의 깃털을 한껏 부풀린 수탉이 한쪽 날개를 늘어뜨리고 띄엄띄엄 발을 디디면서 암탉 주변을 빙 빙 돈다. 암탉의 환심을 사려고 퍽 열정적으로 춤을 춘다.

그 모습이 얼마나 매력적이냐 하면, 칠레에는 수탉의 구애춤을 본떠 만든 '쿠에카'라는 전통춤이 있을 정도다. 쿠에카는 남녀노소가 어울려 즐기는 국민 댄스다. 남녀 한 쌍이 마주 보고 앞뒤로 오가며 손수건을 빙빙 흔들면, 춤추는 내내 다들 미소가 만발한다. TV에 나온 모습이 재미있어 보여 나도 잠깐 발동작을 따라 해봤는데 쉽지는 않다. 이 춤을 소개한 방송사 기자는 이렇게 말했다.

"닭의 움직임을 본떠 만든 만큼 활동적이고 자유분방한 동작이 특징입니다."

언젠가 칠레에 여행을 간다면 그곳 사람들과 어울려 꼭 쿠에카를 춰봐야 겠다. 그렇지만 미안하게도 춤의 대가인 닭의 후손들은 언제부턴가 닭장에 갇힌 신세가 됐다.

농장의 닭들은 크게 두 종류가 있다. 닭고기를 위해 길러지는 '육계'와 달 걀을 얻기 위해 길러지는 '산란계'다. 육계를 키우는 사육장은 만원 버스 나 지하철을 떠올리면 된다. 그 안의 닭들은 적게 먹고 빨리 자라도록 개

량된 종자들이다. 이 닭들은 모이를 쪼아 먹으면 영양분이 근육과 지방으로 먼저 흡수된다. 뼈는 다음이다.

뼈가 약한 닭들은 갖가지 질병에 시달린다. 굳이 손꼽아 열거하면 출혈, 빈혈, 다리와 목의 뒤틀림, 호흡기 질병, 척추 탈골, 시력 상실 등등. 어쩌면 병아리로 태어난 육계용 닭들의 일생이 1개월에 불과한 것이 다행일지도 모르겠다. 이들은 35일 만에 초고속으로 자라 차가운 기계 속에서 숨을 빼앗긴다.

산란계 닭들의 형편은 더 나쁘다. 동화『마당을 나온 암탉』에는 산란 닭이 겪고 있는 고통이 생생하게 묘사되어 있다. 주인공 잎싹은 양계장의 철망에 갇혀 날마다 알을 낳고 있는 암탉이다. 안타깝게도 어미 닭의 품에서 나온 따뜻한 알들은 바로바로 굴러떨어져 어미와 멀어지고 또 멀어지길 반복한다. 잎싹은 가슴이 텅 비어 버리는 것 같다. '단 한 번만이라도 알을 품을 수 있다면. 그래서 병아리의 탄생을 볼 수 있다면…' 병든 잎싹은 부리를 앙다물며 이렇게 결심한다.

'절대로 알을 낳지 않겠어! 절대로!'


## 잎싹이 갇혀 있던 좁디좁은 철망

잎싹이 갇혀 있던 철망은 얼마나 좁았을까? 머릿속으로 A4 용지 한 장을 그려보자. 그 종이 위에 큼직한 닭 한 마리를 올려놓자. A4 용지는 닭의 몸에 가려서 보이지 않지만, 그 크기 그대로 사면에 철창을 세운 다음 닭을 그 안에 억지로 집어넣는다. 이렇게 수천 개를 복사해서 층층이 쌓아놓으면 잎싹이 탈출한 양계장의 모습이 된다.

그곳에선 병이 든 수많은 닭이 콜록거리며 기침을 뱉고 있지만, 창문이 하나도 없다. 빛을 인위적으로 조절하기 위해서다. 밝고 어두운 조명과 사료의 영양분을 기술적으로 이리저리 조절하면, 닭들은 심한 스트레스를 받으면서도 자연 상태보다 훨씬 많은 알을 낳게 된다. 1년 동안 최대 360개 정도의 달걀을 생산하는 암탉들은, 그 후엔 못 쓸 닭(축산 분야에서는 '폐계'라고 부른다)으로 분류되어 목숨을 잃는다. 병아리로 태어나서 채 2년을 넘기기 어려운 짧은 생이다. 자연 수명으로는 10년 안팎까지 살 수 있는 암탉이건만.

동화에는 설명이 없지만 잎싹의 부리는 끝이 뾰족하지 않고 뭉툭했을 것이다. 좁은 공간에 갇힌 닭들이 서로 쪼아 상처를 입히는 것을 막기 위해 병아리의 부리를 절단해 버리기 때문이다. 마취도 하지 않고 말이다.

밀집 사육을 하는 농장주들이 닭들의 고통에 무감각한 건 아니다. 한 농장주는 이렇게 털어놓았다.

"닭한테는 고통스럽죠. 야생 방사도 하고 싶지만 건물을 다시 지어야 하는데 힘들어요."

<한겨레신문> 2012년 1월 27일자 「A4 감옥 속 암탉 비명」 중에서

이 밖에도 닭이 겪어야 하는 비참함은 이루 말할 수 없다. 엄청나게 많은 닭을 빠른 속도로 도살하기 위한 현대의 도축 장치 또한 상상을 뛰어넘

는다. 음, 여기까지. 더 길게 설명하고 싶지는 않다. 남보다 담력이 강해서 좀 더 자세히 알아보고 싶다면 인터넷 검색으로 찾아보시라.

양계장의 밀집 사육 철창은 영어로 '배터리 케이지Battery Cage'라고 한다. 유럽연합은 1999년부터 단계적으로 배터리 케이지를 없애기 위한 정책을 펼쳐왔다. 2011년 12월 '영국암탉복지재단British Hen Welfare Trust' 회원들은 '리버티Liberty (해방)'라는 이름의 암탉에게 새 집을 마련해 주었다. 리버티는 배터리 케이지에서 살았던 영국의 마지막 암탉 중 1마리였다.

다음 해 2012년 1월 1일부터는 영국뿐만 아니라 유럽연합 전체에서 배터리 케이지를 금지하는 새로운 규정이 시행되었다. 새 규정에 따르면, 하나의 닭장은 적어도 50~80마리가 한 번에 들어갈 수 있을 정도의 크기여야 한다. 이때 닭 1마리당 면적은 배터리 케이지의 1.4배 이상 확보할 것. 닭들이 닭장 안을 이리저리 돌아다닐 수 있도록 하기 위해서다. 그래 봤자 닭장의 높이 규정은 45cm에 불과하니 닭들의 복지는 아직 갈 길이 멀긴 하다.

까마득한 옛날이 된 나의 어린 시절, 초등학교 5학년 때 학교 앞 길바닥 상자 안에서 병아리 5마리를 사온 적이 있다. 1마리에 100원씩, 몽땅 더해봐야 500원에 불과했다. 집에 데려와 따뜻한 아랫목에 놓아두고 매일매일 삐악대는 소리에 귀를 기울였다. 정성 들여 5개월 남짓 키웠더니 제법 닭의 모양새를 갖췄다. 머리 위로 닭을 조심스럽게 던져 올리면 힘찬 날갯짓도 했고, 날아오를 듯 푸드덕거리며 품위 있게 내려앉았다.

중요한 걸 오래 기억하지 못하고 자꾸 잊어버리는 사람을 가리켜 '닭대
가리'라고 부르는 욕이 있다. 내가 키워보니 닭들은 제법 사람도 알아보
고 똑똑해 보였는데, 왜 그런 말을 만들었을까? 마당 한구석에 닭장을 만
들어 두었더니 알아서 출퇴근도 했다. 반년이 지나 결국엔 닭고기가 되
고 말았지만.

닭을 품에 껴안고 찍은 사진은 지금까지 잘 보관하고 있다. 풀밭에 무릎을
꿇고 앉아 큰 병아리가 된 녀석을 애지중지하고 있던 내 모습. 날개 밑 뜨
거운 체온과 깃털 끝의 모양과 반가운 걸음걸이까지 하나하나 기억난다.
닭의 수명이 아주 길게는 16년에 달한다는 걸 그때 알았더라면 좀 더 지
켜 줬을 텐데… 어디선가 암탉을 데려와 주었다면 나의 수탉은 열정적인
쿠에카를 췄을지도 모르겠다.

너!

암탉의 관심을 끌어 보려는 수탉의 구애가
칠레에선 만인의 춤이 되었어 그 이름은 쿠에카
한국 사람이 쿠에카를 즐길 필요는 없겠지만
한국의 닭들에겐 꼭 필요해 꼬끼오
춤을 허락해 주세요 꼭이요

## 모든 농장동물이 복지의 혜택을 받을 그 날까지

2009년 호주에 잠시 머무는 동안, 나는 슈퍼에 들를 때마다 일부러 달걀 진열대를 찾아보곤 했다. 신기한 게 있었다. 진열대엔 정확히 두 종류의 달걀이 반반씩 나뉘어 있었다. 좁은 닭장 안에서 생산된 달걀cage eggs과 방목장에서 생산된 달걀cage-free eggs.

달걀 포장 곽에 큼지막하게 새겨진 '프리free'라는 단어를 보는 것만으로 도 기분이 좋았다. 진열대에 다가온 손님이 어느 쪽 달걀을 고르는지 관찰하는 재미도 쏠쏠했고. 방목장 달걀은 가격이 높았지만 닭장 달걀 못지않게 판매되고 있었다. 조금 더 돈을 내더라도 더 나은 환경에서 자란 닭을 선택하는 사람이 제법 많았다.

그 당시 우리나라에도 유정란과 무정란 두 종류의 달걀이 있긴 했다. 하지만 닭의 복지에 대한 의식과는 무관하게 '유정란이 건강식품'이라는 상식만 뚜렷한 편이었고, 사람들은 대부분 별 고민 없이 값싼 무정란을 선호했다. 우리 동네 가게에선 대부분 무정란을 진열해 놓았고 유정란은 얼마 되지 않았다. 그때만 해도 유정란은 무정란보다 특별해 보이는 고급 건강식품이었으니까.

드디어 우리나라에도 변화의 바람이 불기 시작했다. 농림수산식품부가 산란계 농가를 시작으로 **동물복지 축산농장 인증제도**를 확대해 나간다는 계획을 발표한 것이다. 2012년 8월, 안성시의 한 산란계 농가가 이 희

38

망적인 계획의 첫 번째 주인공이 되었다.

이 농가는 좁은 닭장이 없는 확 트인 넓은 사육장이다. 닭이 올라앉는 나무 막대인 횃대를 1마리당 15cm 이상 설치해 놓아서 닭들은 횃대를 오르락내리락한다. 먹이와 온도, 조명 등을 통제하지도 않는다. 닭들이 본래 지닌 습성을 누리게 하기 위해서다. 여기서 생산된 달걀의 포장 곽에는 국가에서 내 준 **동물복지** 인증 표시가 붙어 있다.

한편 국내 한 닭고기 전문 업체에서는 동물복지 생산시스템을 적용한 닭고기 상품을 내놓고 대대적으로 홍보했다. 동물복지 생산시스템이란, 사육 환경이 아니라 도축장의 인도적인 도살 방식을 뜻하는 것이다. 잠깐! 기존 도축장에서는 어떻게 도살하고 있는지 살펴볼까.

도축장에서는 얼마나 빨리 많은 닭을 처리할 수 있는가가 관건인 만큼 닭들을 기계에 매달아 빠른 속도로 처리한다. 그런 환경에서는 닭들이 극단적인 스트레스에 내몰리게 되고 단번에 목숨을 잃지 못하는 처참한 상황까지 벌어진다. 생지옥이 따로 없다.

동물복지 생산시스템이 적용되는 도축장은 다르다. 닭들을 미리 가스로 실신시키고 신속하게 도축한다. 2012년 12월, 국내 처음으로 동물복지를 고려한 닭 도축 방식을 도입해 화제를 일으킨 닭고기 전문 업체 '하림'은 소비자들의 꾸준한 호응에 힘입어 마케팅 관련 행사에서 줄줄이 수상했다. 정확한 의미는 모르더라도 동물복지라는 단어에 자연스럽게 안도를 느끼는 사람들이 많아졌다는 증거가 아닐까.

# 소는 인간의
# 오랜 동료

무려 30여 년 동안 팔순 농부 최원균 할아버지를 도와 농사일에 매진한 늙은 소. 조선 시대 이야기가 아니라 몇 해 전 우리의 심금을 울린 독립 영화 <워낭소리>의 주인공이다. 워낭은 소나 말을 부리기 위해 턱밑에 매어 놓는 방울을 일컫는 말이다. 할아버지는 소에게 해가 될까 봐 논에 농약을 치지 않는 고집쟁이다. 그러다 보니 고된 농사일을 마치고 집에 돌아오면 불편한 다리를 붙잡고 끙끙 앓는다. 늙은 소도 몸이 만신창이다. 제대로 서 있지도 못할 정도로 온몸이 아프다. 소의 수명은 보통 15년 안팎인데, 워낭소리의 주인공은 나이가 마흔에 달했으니 그러고도 남을 일이다. 그런데도 농사일에서 은퇴는커녕 산더미 같은 나뭇짐까지 덤덤히 나르고 있다. 할아버지도 나무를 한가득 실어 올린 지게를 지고 늙은 소 옆에서 묵묵히 발을 맞춘다. 가족 같은 소가 마지막 숨을 거두었을 때, 할아버지는 논 한가운데 땅을 파고 소를 묻어 주었다. 사서 고생하는 할아버지나 그런 할아버지를 못마땅하게 생각하던 할머니도 늙은 소가 사력을 다해 옮겨 놓은 나뭇더미 앞에선 코끝이 찡해져 온다. "소가 아프고도 이걸 해놓고, 이거 때라고 이걸 때놓고 살라고… 영감 할매 그래 때놓고 살라고 나무 땔감을 저렇게 해놓고 갔자는 겨…."

## 소를 대하는 한국인의 태도

할아버지와 늙은 소의 각별한 사이는 우리의 오랜 정서를 빼닮았다. 여기 미국의 소설가 펄 벅Pearl Buck, 1892-1973의 생생한 증언을 보자. 1960년 경주를 방문한 펄 벅은 황혼이 깔릴 무렵 볏단을 싣고 가는 소달구지에서 눈을 떼지 못했다고 한다. 지게에 볏단을 나눠서 지고 걸어가는 한 농부의 모습 때문이었다. 펄 벅은 창밖의 농부를 손으로 가리키며 한국인 수행원에게 이렇게 말했다.

"미국의 평범한 농부라면 소달구지에 올라타 편하게 몸을 뉘였을 겁니다. 소의 짐을 덜어주려는 농부의 마음 씀씀이, 제가 보고 싶었던 모습이에요."

수행원은 내심 가난한 우리네 농촌 풍경을 보여주기가 껄끄러웠는데, 예상치 못한 그의 말에 자신의 짧은 생각을 반성하게 되었다고 회고했다. 훗날 펄 벅은 『살아 있는 갈대』라는 소설의 첫머리에서 한국을 '고상한 사람들이 사는 보석 같은 나라'라고 극찬했다.

그러나! 고상한 한국 사람들은 너무나 쉽게 변절해 버렸다. 돈 때문이었다. 1969년에는 소의 몸무게를 늘려 고깃값을 한 푼이라도 더 받을 속셈으로 소에게 강제로 물을 먹이는 일이 도축장 주변에서 발생하더니, 1972년에는 소를 물고문시키는 일이 흔하게 일어났다. 몇 시간 동안 강제로 물을 마신 소들은 눈이 뻘게지고 온몸이 퉁퉁 부어오른다.

당시 서울 성동구 마장동 도축장의 관계자가 "지금 한국에서 팔리는 소고기의 95%가 물 먹인 소의 고기"라며 언론사에 폭로했을 정도다. 주부들은 소고기 먹지 않기 운동까지 벌였고, 정부가 집중 단속을 펴 1975년부터는 소에게 물을 강제로 먹이는 일이 거의 사라졌다.

그로부터 20여 년이 지난 1999년, SBS TV 박정훈 피디는 국내 소 사육장을 취재하다 비참한 환경을 목격하고 충격에 휩싸였다. 축사에선 배설물의 악취가 코를 찔렀고, 그 안에는 쇠사슬에 묶인 30여 마리의 소들이 벽을 바라보고 늘어서 있었다. 짧은 쇠사슬 탓에 소들은 더러운 콘크리트 바닥에 앉거나 일어서는 게 전부였다. 소 주인은 마블이라 불리는 꽃등심을 얻으려고 소들을 이렇게 키운다고 말했다. 운동을 못 하게 하면 근육이 줄어들어 부드러운 고기가 만들어지는 원리다.

기운 센 트랙터가 농사일을 대신해 버리는 바람에 쟁기를 끌던 소들은 이제 논밭에 어울리지 않는다. 소의 배설물은 귀한 거름이었지만, 그마저 화학비료가 대신하고 있다. 현대 산업에 밀려 일자리를 잃어버린 소들은 생후 2년 만에 도축장으로 향한다. 예나 지금이나 변함없이 도축장으로 끌려간 소들은 자신의 운명을 알아차리고 두려움에 발버둥 친다.

2012년 경기도 연천군에서 소를 사육하는 한 농부는 이렇게 속내를 털어놨다. 자신의 소가 큼지막한 눈망울을 끔뻑이며 눈물을 흘리는 것을 보면 마음이 불편했다고. 도축장으로 들어갈 때 수면 마취제를 놓으면 좋겠다는 의견도 있지만, 그렇게 하면 고기 맛이 떨어져 판매가치가 없어서 받아들일 수 없다고 한다.

할아버지의 발걸음에 맞춰 울리는 워낭 소리
한국을 사랑했던 펄 벅은 파란 눈의 다정한 손님
세상에서 가장 아름다운 풍경을 기억한다는 그가
다시 한국을 찾는다면 어느 누가 반길까

## 백정, 소의 영혼을 극락에 보내는 이들

우리 선조들은 도축장에 끌려온 소들의 눈물을 염려했다. 소는 영물이라
사람 말을 잘 알아듣는다고 해서, 소 앞에서는 '죽음'이나 '칼' 같은 무서
운 말조차 삼갔다. 밭을 가는 두 마리의 소 중에서 누가 일을 더 잘하느냐
는 물음에, 소가 듣고 섭섭해할까 봐 농부가 귓속말로 얘기했다는 옛이
야기가 있을 정도니까.

행여 도축장에서 경솔한 말을 했다가 소가 잔뜩 겁을 먹으면 미안한 일
이다. 그래서 소를 잡는 백정들은 소가 알아들을 수 없는 은어를 따로 만
들어 사용했다. 소를 두고 '황태자'니 '어사'니 '마패'나 '산영감' 등으로 불
렀다는데, 그 옛날 굳건한 신분 사회에서도 소에게 꽤 높은 이름을 붙여
준 것이 놀라울 따름이다. 소를 잡을 때 쓰는 칼은 '신의 지팡이'를 줄여
'신팽이'라 했고, 소의 영혼이 극락에 갈 수 있도록 소의 몸이나 주위에 정
화수를 뿌리는 의식을 '꽃씨 뿌린다'고 했다.

44

소를 잡는 백정들은 한 치의 흐트러짐 없이 단칼로 소의 고통을 줄여 주어야 한다. 그래야 그 보답으로 극락세계에 갈 수 있을 거라 믿었다. 백정은 사람들이 하기 싫은 일을 떠맡은 천한 신분이었지만, 자기가 하는 일은 현세에서 고생한 소의 영혼을 극락으로 보내는 신성한 것으로 여겼다. 도축이 끝난 후 물에 칼을 씻는 행위조차 "깃발 날리다"라며 조심스럽게 표현할 정도였다.

지금의 도축장들은 이런 선조들의 마음을 담고 있을까? 아쉽게도 거의 그렇지 못한 현실이다. 소를 잡는 것이 흔치 않던 그 시절에 비해 지금은 도축장이 숨가쁘게 돌아간다.

누군가는 소가 일할 필요가 없는 시대에, 누구나 소고기를 사 먹을 수 있는 판국에 선조들의 마음은 쓸모없다고 말할지도 모르겠다. 하지만 그건 핑계에 불과하다. 세계 최대 육우 수출국인 호주에서도 소들에게 인도적 도살을 적극적으로 시행하는 등 나름의 예를 갖추고 있다.

## 소의 마지막 길을 배려한 도축장

호주에서는 도축장 허가 자체가 매우 까다롭다. 위생, 폐기물 처리 등의 조건뿐만 아니라 법으로 정해 놓은 인도적 도살의 원칙을 준수해야 하기 때문이다. 도축장에서 일하는 사람들은 반드시 동물들의 공포를 줄이는 방법에 능숙하고, 동물복지에 대해 철저한 교육을 받거나 경험이 풍부해야 한다.

도축장에 실려 온 동물들은 운송 중에 받은 스트레스를 풀 수 있도록 배려받는다. 오랜 시간 동안 먼 길을 달려 도착한 소는 최대 96시간까지 쉴 수 있도록 해주고, 양은 도축장에 도착한 후 꼬박 하루가 지난 다음 도축된다. 동물들을 이동시킬 때에도 천천히 움직이도록 조심스럽게 안내한다.

도축장의 전체적인 시설은 사용 도구를 포함해 동물에게 공포감을 주지 않도록 세심하게 디자인되어 있다. 이를테면 도축하는 장소까지 이동하는 소들의 통로는 곧게 뻗은 직선이 아니라 구불구불한 모양이다. 소는 구불구불한 길에서 더 안정감을 느끼기 때문이다. 이런 길에서 소는 끌려가지 않으려고 몸부림치지 않는다. 그러면 소를 안내하는 사람도 일하기가 수월하다.


목숨을 끊는 최후의 순간에는 과학적인 방법으로 의식을 잃게 하여 아픔을 전혀 느낄 수 없도록 조치한다. 소·돼지·양·조류 등 동물의 특성에 따라 도축하는 방법에는 차이가 있지만, 순간적으로 의식을 잃게 하는 인도적인 원칙만은 모든 동물에게 똑같이 적용한다. 하지만 세세한 원칙들은 처음부터 끝까지 정신을 바짝 차리지 않으면 흐트러질 수도 있다. 도축장 일이 평소보다 바쁘게 돌아가거나 일하는 사람의 마음이 짜증으로 가득 차 있다면 말이다.

호주의 동물학대방지협회RSPCA, The Royal Society for the Prevention of Cruelty to Animals

는 이러한 불상사를 막기 위해 도축장의 상황을 늘 주의 깊게 바라보고 있다고 한다. 이 협회가 정부 소속 단체는 아니지만 사회적 신뢰가 매우 커서 도축장을 문 닫게 할 수 있을 정도의 권한이 있다. 2012년 10월에는 규정을 어긴 한 도축장의 영업을 금지한 적이 있다. 도축장에서 동물을 함부로 대하는 장면이 감시 카메라로 발각되었기 때문이다.

## 소의 감정을 이해하는 영화 속 주인공

'어떻게 하면 동물들이 되도록 고통과 스트레스를 덜 받고 마지막 순간을 맞이할 수 있을까?'

오랜 시간 학자들이 연구해오고 있는 과제다. 미국의 템플 그랜딘Temple Grandin, 1947-은 그러한 연구자들의 선구자 격으로 축산업계에 큰 영향을 미친 인물이다. 자폐를 가지고 태어난 그는 동물의 감정을 잘 이해할 수 있는 능력을 지니고 있었다. 학창 시절 그는 이모의 농장에서 소와 가까이 지내던 중 이런 얘기를 했다.

"소의 귀를 보세요. 귀의 움직임을 잘 보면 소의 마음이 어떤지 알 수 있어요."

템플 그랜딘은 동물의 행동을 세밀하게 관찰해서 그들의 마음을 읽어낼 수 있었다. 자폐 증세로 인해 시각적으로 세계를 인식하는 능력이 뛰어난 덕분이었다.

훗날 그는 뛰어난 동물학자가 되어 기존 도축 시설의 문제점들을 조목조목 지적해 나가면서 도축장 시설을 혁신적으로 변화시켰다. 이후 미국과 캐나다에서 도축되는 소의 절반은 템플 그랜딘이 설계한 시설에서 마지막 순간을 맞이하게 되었다. 그는 도축장에서 일하는 이들에게 이렇게 당부한다.

"소는 정말 예민한 귀를 가지고 있습니다. 운전사건 누구건 큰소리를 내지 말고, 입을 꼭 다물어야 합니다."

2010년 미국의 한 방송사에선 템플 그랜딘의 감동적인 일대기를 TV 영화로 제작해서 방영했다. 다음 해 미국 TV 작품을 평가하는 최고의 시상식에서 영화 <템플 그랜딘>은 감독상·작품상·여우주연상 등 5개 부문을 휩쓸었다.

우리나라에서도 2009년 <워낭소리>가 개봉한 지 40여 일 만에 200만 명의 관객을 돌파하며 독립 영화 사상 최고 기록을 남겼다. 고작 여섯 군데 영화관에서 소소하게 시작했는데도 말이다.

자폐증을 장애가 아닌 소와의 교감 능력으로 발전시킨 템플 그랜딘과 아픈 다리를 절룩거리며 농사를 지으면서도 소에게 사료를 먹이지 않고 깨끗한 여물을 챙겨주던 최원균 할아버지. 소를 이해하고 가까이하던 두 사람은 이렇게 21세기의 걸작으로 다시 태어났다.

# 달콤한 아이스크림과 얼룩송아지

색깔도 모양도 알록달록 재미난 인기 만점의 아이스크림 가게가 있다. 무려 반세기 동안이나 세계적으로 큰 인기를 누리고 있고, 우리나라에도 1000개가 넘는 가게가 영업 중이다. 더위에 헉헉거리는 여름뿐만 아니라, 찬바람이 쌩쌩 부는 한겨울에도 이 유명한 아이스크림 가게의 조명은 어두워지지 않는다. 요즘은 생일 때도 아이스크림 케이크를 고르는 사람들이 많은 것 같다. 매장 안에서 눈을 동그랗게 뜨고 아이스크림을 고르는 사람들의 표정을 보면 하나같이 설레고 즐거워 보인다. 저 가게를 처음 만든 사람은 누구일까? 돈도 엄청나게 많이 벌겠지만 오는 손님마다 밝은 표정이라 행복할 것 같다. 만약 내가 경영자라면 하루하루가 신 날 텐데… 달콤한 아이스크림도 매일 맛볼 수 있을 테고.

# 세계 최대의 아이스크림 기업을 거부한 상속자

그런데 깜짝 놀랄 일이 있다. 이 아이스크림 회사의 유일한 상속자였던 존 로빈스John Robbins, 1947-, 그는 이미 오래전에 상속을 거부했다는 것이다. 창업자의 외아들에다 어려서부터 맛있는 아이스크림을 챙겨주는 다정한 아버지까지 둔 그가 왜 그랬을까?

태어날 때부터 재벌 2세였던 그는 어느 날 아버지에게 의미심장한 말을 했다.

"아버지 재산으로 살고 싶지 않습니다. 저만의 힘으로 인생의 길을 발견하고 싶네요. 어떻게 될지는 모르겠지만."

스무 살이 갓 지났을 때였다. 존 로빈스는 부유했던 아이스크림 제국을 이어받기 거부하고, 무일푼의 삶을 개척하기 시작했다. 그가 상속을 거부한 이유는 간단했다. 철학자처럼 오묘한 삶의 비밀을 깨우치기 위해서도 아니었고, 아버지와 사이가 나빠서도 아니었다. 겉과 속이 전혀 다른 아이스크림의 정체를 눈치챈 것이 결정적이었다.

아버지 회사의 달콤한 아이스크림에 빠져 살던 고모부는 이른 나이에 심장마비로 돌아가셨고, 아버지 또한 심한 당뇨병을 앓고 있었다. 그의 생각으론 분명 아이스크림에는 몸에 좋지 않은 무언가가 숨어 있는 것 같았다.

마침내 그는 아이스크림 제조에 설탕을 비롯한 해로운 첨가물이 과다하게 쓰이고 있다는 사실을 알아냈다. 당시는 아이스크림의 달콤한 맛을 위해 몸에 해로운 걸 많이 첨가해도 누가 뭐라 하지 않았던 때였다.

존 로빈스는 동물이 겪는 고통에도 남달리 마음 아파했다. 그가 상속을 거부하고 아버지로부터 독립했던 1969년은 젖소의 사육 환경이 최악에 달했던 때였다. 아이스크림의 주원료인 우유. 바로 그 우유의 생산량을 최대치로 늘리기 위해 성장 호르몬제가 남발되었고, 젖소들은 몸이 망가져 가며 우유를 생산하고 있었다.

젖소가 처해 있는 끔찍한 모습을 눈앞에서 목격한 그는 달콤한 아이스크림을 뚝 끊을 수밖에 없었다. 다행히 지금은 세계적으로 성장 호르몬제가 강력하게 규제받고 있고, 농가 또한 젖소에게 심한 스트레스를 주지 않으려고 노력하고 있다.

## 사람을 위해 우유를 생산하는 젖소

젖소 하면 대개 얼룩소를 떠올리기 마련이다. "엄마 소는 얼룩소 엄마 닮았네~"라는 익숙한 동요가 절로 흥얼거려지기도 한다. 이 동요는 청록파 시인으로 잘 알려진 박목월 시인이 지은 동시에 음이 붙어 널리 알려졌다. 그런데 송아지의 실제 주인공은 하양 검정의 얼룩소가 아니라고 한다. 박목월 시인은 황갈색과 검은색이 뒤섞인 얼룩배기 황소를 보고 이 시를 지었다.

사람들에게 그 사실을 말해 주면 다들 어안이 벙벙해 있다. 젖소와 황소의 모습은 달라도 너무 다르니까. 하지만 황소 엄마 소나 젖소 엄마 소나 새끼를 출산해야만 젖이 나오는 건 똑같다. 임신 기간은 사람과 마찬가지로 10개월이다.

사람들은 젖소가 계속 새끼를 출산할 수 있도록 인공수정을 시킨다. 소가 살아있는 동안 가능한 한 많은 양의 우유를 얻어내기 위해서다. 젖소들은 인공수정으로 임신해서 출산을 하고 몇 개월 후에 또 다시 임신한다. 이 과정에서 갓 태어난 새끼들은 어미와 충분한 시간을 가질 수 없다. 자연 상태의 송아지들은 적어도 3개월 동안은 모유를 먹으며 어미를 졸졸 따라다닌다. 반면 사육장에서 태어난 송아지들은 보통 24시간 안에 어미에게서 영영 떨어져 지내야 한다. 그들의 운명은 두 갈래다. 암송아지는 어미처럼 우유를 생산하는 젖소가 되고, 우유와 무관한 수송아지들은 식용으로 길러진다.

젖소의 젖꼭지는 4개다. 옛날에는 보통 새끼를 1마리 낳아서 젖꼭지 1개는 송아지한테 주고 나머지 3개에서만 사람이 먹을 젖을 짰다고 한다. 그런데 현대식 축산 농장에선 4개의 젖꼭지 모두 사람 몫이다. 어미가 송아지를 돌보게 할 여유도 없다.

어미에게서 떨어진 송아지는 어미 젖 대신 액상 사료와 고체 사료, 건초 등을 먹고 자란다. 이렇게 어미 소는 송아지에게 줄 젖까지 몽땅 사람들에게 제공하면서 인공수정으로 임신과 출산을 반복하고 있다.

이런 사실을 알게 되니 적어도 한 달 정도는 송아지가 어미와 지낼 수 있게 해야 한다는 생각이 들었다. 하지만 그렇게 하면 어미와 떨어질 때 더욱 스트레스가 심해서 안 된다고 한다. 오히려 송아지와 어미의 고통을 가중시키므로 어미와 교감이 생기기 전에 송아지를 격리하는 것이 더 나은 방법이란다.

그렇게 젖소 한 마리는 날마다 25L의 우유를 생산한다. 시중에 판매하는 200mL 작은 우유갑으로 치자면 125개 분량이다. 아무리 젖소의 덩치가 크다곤 하지만 놀라운 양 아닌가? 야생의 암소에서는 이 정도로 많은 양의 우유가 나올 리 없다. 우유 생산량이 10배 정도 늘어나도록 개량에 개량을 거듭해 태어난 젖소기 때문에 가능한 것이다. 개량된 종 중에서는 네덜란드 품종으로 알려진 검정 하양 얼룩무늬 젖소, 홀스타인종이 대표적이다. 지금 우리나라에 있는 대부분이 홀스타인종이다.


## 슈퍼 젖소에게 편안한 여생을 허락하라

홀스타인종이 번성하면서 우리나라 우유 생산량은 급격히 증가했다. 특히 1988년에서 2008년까지 20년 동안 총 우유 생산량은 77% 이상 증가했다. 그런데 이상하게도 이 기간에 젖소의 수는 오히려 줄어들었다. 젖소의 수가 줄어들었는데, 우유 생산량은 두 배 가까이 많아졌다고?

그 이유는 나이가 들어도 많은 양의 우유를 생산할 수 있는 '슈퍼 젖소'가

많아졌기 때문이라고 한다. 슈퍼 젖소는 10년 이상 체력을 유지하면서 10만L 이상의 우유를 생산하는, 말 그대로 대단히 튼튼한 젖소다. 일반 젖소들은 5~6년 동안 3~4번 정도 출산을 하고 나면 우유 생산량이 줄어들기 시작하니 말이다. 그렇지만 제아무리 튼튼한 몸을 지닌 슈퍼젖소라 할지라도 끊임없는 임신과 출산은 힘에 부칠 것 같다.

2012년 캐나다의 동물보호단체들은 우유 생산량으로 기네스 기록에 등재된 열다섯 살 슈퍼젖소 '스머프'를 편안한 초원으로 옮겨 달라고 요청했다. 스머프는 평생 우유 21만L를 생산해 주인에게 막대한 이익을 남겨주었다.

한번 생각해보자. 그 엄청난 양의 우유를 생산하는 동안 열다섯 살의 스머프는 몇 번의 임신과 출산을 반복했을까? 스머프는 2012년까지 10번을 출산했고 11번째 새끼를 임신 중이었다. 그리고 매번 자기가 낳은 송아지와 격리됐다.


동물보호가들은 주장한다. 일반 젖소들은 우유 생산량이 줄어들어 도축이 결정되더라도 스머프만은 남아있는 권리와 복지를 누려야 한다고. 더는 송아지를 빼앗기지 않고 초원에서 송아지와 함께 편안한 여생을 보낼수 있어야 한다고 말이다.

다행히 스머프의 주인은 그 목소리에 흔쾌히 답했다. 스머프만큼은 우유 생산이 떨어진다 해서 고기용으로 넘기지 않고 농장에서 여생을 보낼 수 있도록 배려할 것이라고.

소는 초식동물이다. 젖소에 대한 기본적인 배려는 최대한 방목을 많이 시켜주는 일이다. 소는 초원에서 싱싱한 풀을 뜯어 먹을 수 있어야 즐겁다. 오랫동안 풀을 질겅이며 되새김질할 수 있어야 비로소 행복을 느낀다. 옥수수 등의 곡물로 만들어진 푸석한 사료로 어디 충분한 되새김질을 할 수 있겠는가?

방목이 어려우면 외양간 바닥에 푹신한 짚을 충분히 깔아 주고 먹을거리 중 목초의 비중을 늘려 주는 정도의 노력이 반드시 필요하다. 학창시절 소는 되새김질하는 동물이라고 교과서에서 배웠고 시험문제에도 나왔던 것 같은데, 대부분의 소가 풀을 질겅일 수 없는 형편이었다니….

이제 학교에서도 동물복지를 가르칠 때가 왔다. '다음 중 되새김질을 하는 동물은 무엇입니까?'가 아니라 '되새김질을 하는 소를 위해 어떤 환경을 마련해 주어야 할까요?'라는 질문을 건넨다면, 아이들은 분명 생명을 존중하는 마음을 지니고 지식을 꼭꼭 되새기게 될 것이다.

너!

부드러운 우유와

달콤한 아이스크림을

광고하는 커다란 스크린들

목장의 풍경을 옮겨놓은 푸른 초원의 그림들

질겅일 풀이 가득한 그곳에서

젖소들이여 안녕한지

2012년에 산란계 농가를 대상으로 시작한 '동물복지 축산농장 인증제도'는 다른 농장동물들에게도 확대되었다. 농림부는 2013년 9월부터 돼지의 동물복지 인증제를 시작했고 2014년엔 육계, 2015년엔 한우와 육우, 젖소, 염소까지 단계적으로 추진한다고 발표했다. 이후에는 사슴, 오리, 메추리 등으로 대상을 확대할 계획이다.

농림부의 구체적인 계획은 유럽을 중심으로 한 세계적인 흐름 덕분이었다. 동물복지를 입증할 수 없는 축산물은 이제 세계 무역에서 따돌림당할 처지다. 동물검역에 대한 국제기준을 수립하는 '국제수역사무국'은 2010년에 명칭을 '세계동물보건기구'로 변경하고 동물복지 증진에 앞장설 것을 널리 알리기도 했다.

한국 정부가 무역의 이득만을 위해 동물복지 정책을 계획한 건 아니다. 2012년 농촌진흥청은 '공장식 밀집 사육 농장'보다 '동물복지 농장'이 농가의 주머니를 훨씬 두둑하게 만든다는 연구 결과를 발표했다. 정부가 동물복지 축산의 경제성을 공식적으로 인정한 특별한 사건이다. 국민들의 의식도 예전과 같지 않았다. 2010년 한 대학의 조사에서는 조사 대상자의 87%가 동물복지 축산물을 사고 싶다는 의사를 표현했다.

한국의 돼지 농장이 농림부의 동물복지 인증표시를 받을 수 있는 조건은 다음과 같다. 기존의 스톨과 어미 돼지를 가두는 분만 틀을 사용하지 말 것. 새끼 돼지의 날카로운 이빨을 다듬을 땐 줄로 갈아내는 연삭을 사용할 것. 꼬리 자르기 관행은 원칙적으로 금지할 것 등.

농림부는 2013년 돼지 농장의 동물복지 인증제를 마련하기 위해 영국의 동물학 대방지협회RSPCA, The Royal Society for the Prevention of Cruelty to Animals가 제시하고 있는 기준을 적극적으로 받아들였다. RSPCA는 농장동물 복지운동의 시초가 된 단체인데 깐깐하기로 유명하다.

이 협회의 동물복지 기본 조건은 '동물의 5대 자유'에 근거한다. 그 내용 안에는 사육 환경에 대한 조건은 물론이거니와 운송이나 도축 과정에서 스트레스를 줄이는 방법까지 빼곡하다. 가령 새끼에게 젖을 먹이는 동물을 운송 중인 차량이라면 쉼 없이 9시간 이상을 달려선 안 된다. 9시간 후에는 반드시 1시간을 쉬어 가야 하고, 운송 차량엔 온도 감시 장치와 식수 장치를 설치해 두어야 한다. 이런 세부 규정을 알고 있는 사람만이 운전할 수 있다. 또 운전자는 반드시 동물복지 교육을 받고 시험에 통과해야 한다.

농림부에서는 2013년 3월 우리나라 상황에 맞춰 동물복지를 고려한 동물 운송과 도축의 세부 규정을 마련했다. 아프거나 부상을 당해 제대로 서 있지 못하는 동물과 태어난 지 10일을 넘지 않았거나 임신 상태가 만삭인 동물은 운송을 금지한다. 차량으로 운송할 땐 서 있는 상태에서 자유롭게 고개를 움직일 수 있도록 머리 위 공간을 확보해야 하고, 운송 과정에서 동물을 다룰 때는 함부로 때리거나 전기 충격기를 사용할 수 없도록 했다. 도축장에 머무는 동안에도 불편을 느끼지 않을 적당한 공간과 충분한 물을 공급해야 한다. 도축 할 때 고통을 줄이고 신속하게 기절시키는 방법에 대한 내용도 있다.

이 규정들은 동물복지 축산농장 인증제도와 연결되어 있다. 탄생부터 죽음까지, 사육·운송·도축에 이르는 전 과정의 동물복지 제도가 완성되는 것이다. 농림부는 2014년 1월 국내 첫 동물복지 도축장 2곳을 선정했고, '도축장별 동물복지 전담 직원 지정제'도 추진할 것이라고 「제1차 동물복지 종합계획」(2015~2019년)에서 밝혔다.

\* 농림축산검역본부 동물보호과 | 054-912-1000 | www.qia.go.kr

## 동물의 5대 자유

**1** 배고픔과 갈증, 영양불량으로부터의 자유

**2** 불안과 스트레스로부터의 자유

**3** 정상적인 행동을 표현할 자유

**4** 통증과 상해, 질병으로부터의 자유

**5** 불편함으로부터의 자유

# 2장
<u>2장</u>

# 동물원의 전시동물

# 미운 호랑이 새끼 크레인

세상의 쓸쓸한 풍경 중 하나는 사람들이 찾지 않는 놀이공원이
다. 녹슬어 삐걱거리는 회전목마, 빛바랜 매표소, 머리 꼭대기가
얼어붙은 관람차… 텅 빈 공간들 사이로 사라져 버린 사람들의
들뜬 웃음이 희미하게 묻어날 뿐이다. 만약 그 안에 동물원 시설
까지 포함되어 있다면 놀이공원의 풍경은 쓸쓸함을 넘어 우울해
지고 만다. 뜸해진 관람객 탓에 운영 자체가 어려워진 강원도의
한 놀이공원. 그곳에는 크지 않은 동물원이 딸려 있다. 2007년
한여름엔 전기료도 제때 내지 못해 전기마저 끊긴 적이 있었다
니, 열악하다 못해 비참하기까지 한 동물원이다. 이곳의 동물들
은 30여 종 200여 마리에 달하지만, 이들을 관리하는 사육사는
단 한 명이다. 동물의 상태를 조사하기 위해 동물원을 방문한 동
물보호가들은 막다른 골목에 내몰린 동물들의 참상을 꼼꼼히 기
록해 놓았다.

"갈증이 목을 태우는 한여름에도 물 공급이 수월하지 않았고, 먹
이 또한 오랫동안 부족한 상태다. 우람한 몸집에 우렁찬 몸짓이
어울리는 유럽 불곰 두 마리는 기근에 시달린 듯 몸이 바싹 말라
있다."

## '크레인'이라는 이름이 붙여진 이유

2012년 11월에 열두 살이 된 크레인은 8년 전에 여기로 왔다. 새끼 호랑이 크레인의 생활을 <작별>이라는 다큐멘터리 영화로 남겼던 황윤 감독도 뒤늦게 이곳을 찾았다. 그가 철창 앞으로 다가서자 크레인이 힘없이 다가오더니 치근대기 시작했다. 마치 사람을 좋아하는 고양이처럼.

"크레인, 크레인…"

이름을 부를 때마다 마치 기다렸다는 듯 크레인은 목을 움츠리며 몸을 철창에 비벼댔다. 크레인은 2000년 늦가을 서울대공원에서 태어났다. 서울대공원이라면 대한민국의 동물원을 대표하는 곳이지만, 크레인은 근친교배로 태어난 탓에 선천적으로 병약했다. 두 눈은 백내장으로 흐릿했고 얼굴이 이상해 보일 정도로 뻐드렁니가 심했다. 게다가 어미 호랑이 선아는 크레인을 돌보지 않았다.

어미 호랑이가 마냥 예뻐해야 할 새끼를 외면한 까닭은 무엇일까? 어쩌면 동물원 환경이 문제일 수도 있다. 자연과 너무 다른 동물원의 환경에서 새끼를 양육하는 것에 부담을 느끼거나, 동물원의 방침에 따라 종 번식을 위해 원치 않는 임신을 하게 됐을 때 새끼를 내팽개치는 일들이 벌어지기도 한다니 말이다. 정확한 이유는 알려지지 않았지만 야생에서도 유사한 일이 벌어진다고 한다. 하루하루 급박한 야생에서 새끼가 생존에 불리한 장애를 갖고 태어났을 때 어미들이 이렇게 내버려두는 경우가 있단다.

새끼 호랑이 크레인을 살리는 건 온전히 사람의 몫이었다. 동물원의 사육사는 크레인을 사무실로 데려와 정성껏 돌보았다. 어미에게서 버림받은 새끼를 살려내는 건 결코 쉬운 일이 아니다. 어미의 돌봄 대신 사람의 손길을 타야 하는 새끼의 면역력은 강하지 않아서 생존율이 절반 이하로 떨어지기 때문이다. 사육사는 크레인이라는 이름을 붙여 주었다. 제발 죽지 말고 건설 기계인 크레인처럼 강하고 튼튼하게 자라달라고.

사육사들의 극진한 노력으로 크레인은 강한 생명력을 발휘했다. 그리하여 12월 크리스마스가 다가올 즈음엔 다들 한시름 놓을 수 있었다. 비로소 크레인의 목에는 목줄이 묶였다. 거친 야생성을 잠재우고 사람에게 길들이기 위해서였다. 목줄을 매는 건 엄연한 '훈련'이다. 호랑이는 목줄을 하는 것만으로도 괴로움에 시달린다. 야생의 속성이 강한 탓이다. 아득한 옛날부터 대대로 사람에게 길들여진 개들과는 확연히 다르다. 크레인은 목줄에서 벗어나기 위해 안간힘을 다해 몸부림쳤고 사무실 바닥에 깔아 놓은 신문지 위에서 서서히 지쳐갔다. 그렇게 훈련이 끝나면 전시장 뒤편 콘크리트 방 안에서 홀로 어두운 시간을 견뎠다. 사람도 놀거리도 없는 그곳에서 크레인은 종일 목이 쉬도록 울고 또 울었다. 누구도 크레인을 찾아와 줘선 안 되었다. 어렸을 때 이 고통을 견뎌 내야만 크레인은 별 탈 없이 동물원에 갇혀 살 수 있게 된다. 외롭고 답답한 환경에 미리 적응해 둔다면 평생 우리 안에 갇혀 지내야 할 괴로움이 조금이라도 줄어들게 될 테니.

## 동물원의 스타에서 애물단지로

크레인은 동물원에서 타고난 신분이 꽤 높았다. 동물원을 찾은 관람객에게 호랑이는 인기 만점이니 말이다. 인기가 덜한 동물들보다야 여러 면에서 나은 조건일 게 분명했다.

크레인은 태어난 뒤 몇 달 동안 스타 노릇을 톡톡히 해냈다. 여러 방송국에서 경쟁적으로 크레인의 모습을 카메라에 담아 갔고 시청자들은 새끼 호랑이의 탄생을 반겼다. 몸이 약한 크레인은 괴롭기 짝이 없는 야생 박탈 훈련을 받으며 울부짖는 생활을 견뎌야 했지만, TV 촬영이 있을 때만큼은 씩씩하고 쾌활한 모습으로 제 역할을 온전히 해냈다.

시베리아라는 머나먼 이국땅의 족보를 달고 한국의 동물원에서 태어난 새끼 호랑이는 그렇게 자신에게 주어진 환경에 서서히 적응해 나갔다. 어찌 보면 성공적이었다. 이듬해 어미 호랑이는 죽었고, 크레인은 자신을 버린 어미를 대신해 동물원의 스타로 명맥을 이어가면 될 터였다.

2004년, 안타깝게도 크레인은 다시 한번 버림을 받았다. 이번에는 자기가 태어난 서울대공원으로부터! 기형적인 뻐드렁니가 문제였다. 어렸을 때 그런대로 귀엽게 봐줄 만한 인상이었지만, 얼굴이 커지면서 입 밖으로 심하게 삐져나온 송곳니 때문에 입이 제대로 다물어지지 않았다. 잘생긴 호랑이를 기대하며 온 관람객들은 실망을 토로했다. 인기는커녕 관람객들의 불만을 자아낸 크레인은 결국 서울대공원에서 퇴출되어 열악한 시설의 동물원으로 팔려나갔다. 그곳은 서울대공원처럼 운영자금 일부가 세금으로 지원되는 공립 동물원이 아니라, 운영자금 전체를 관람객의 입장료에만 의존하고 있는 민간 업체의 동물원이었다.

엎친 데 덮친 격으로 크레인이 온 뒤 얼마 지나지 않아 동물원 소유주는 동물원 운영을 거의 포기해 버렸다. 밀린 월급을 받지 못한 직원들은 모두 떠났고 동물들은 우리 안에 갇혀 꼼짝없이 굶어 죽을 위기에 처했다. 다행히 지역의 환경 단체가 앞장서 긴급한 상황을 만방에 알려 최악의 위기는 모면했다. 과일이나 고구마 따위를 동물원 먹이로 기부하는 사람들의 도움도 줄을 이었다.

yo!

동물원의 스타감으로 태어나
사람의 손길에서 무럭무럭 자라난
크레인의 얼굴에 사람들은 실망을 던져
동물원의 얼굴엔 실망이 번져

## 동물의 움직임을 자세히 살펴보자

이 동물원에 있는 대부분의 동물은 비정상적인 '정형행동'을 보인다. 정형행동이란, 판에 박힌 듯 의미 없는 행동을 기계처럼 반복하는 것을 뜻한다. 일종의 정신적 문제라 볼 수 있다. 일정 구간을 끊임없이 오간다든가 몸을 앞뒤로 춤을 추듯 움직인다든가 먹은 것을 토하고 다시 먹는다든가, 심지어 털을 물어뜯어 자신을 해치기도 한다. 야생의 삶에 적합하도록 다양한 행동을 지니고 있는 동물들이 인공적인 환경 속에서 살게 되면 얻게 되는 병이다.

뭘 몰랐던 때는 동물원에 가서도 그냥 지나쳤는데 이젠 동물들이 이상한 행동을 하지 않는지 유심히 관찰하게 된다. 세계 일주 중에 남아공의 사설 동물원을 방문했을 때는 쉴 새 없이 철창 옆을 앞뒤로 오가던 하이에나의 정형행동을 발견했던 적이 있다.

동물들의 정형행동을 줄이는 방법은 있다. 동물원의 시설을 최대한 자연에 가깝도록 꾸며 놓는 것이다. 이와 함께 각 동물의 특성에 맞는 자연적인 행동을 이끌어 낼 수 있도록 **행동풍부화 프로그램**을 실시해야 한다. 가령 기린에게 밥을 줄 때는 커다란 생수통 안에 먹이를 넣어 높은 곳에 매달아 놓는 것이다. 먹이를 꺼내 먹을 수 있도록 생수통에 적당한 크기의 구멍을 뚫어 놓으면 기린은 먹이를 꺼내기 위해 요리조리 생각하고 이런저런 행동을 하기 마련이다.

아프리카들소처럼 무리지어 사는 동물들은 적당한 사회적 구조를 갖출 수 있는 환경과 조건이 필요하다. 무리에서 따돌림을 당하는 녀석이 숨어들 수 있는 피난처 시설도 꼭 필요하다. 때로는 동물에 따라 민감해하는 냄새나 소리도 인위적으로 만들어 줘야 할 필요가 있다.

이렇게 동물 하나하나를 고려하려면 보통 까다로운 일이 아니다. 과학적인 연구와 더불어 꽤 많은 액수의 예산이 필요하다. 그렇다고 이 예산을 아낀다면 어떻게 될까? 동물원은 그냥 동물 감옥으로 남을 뿐이다.

## 크레인에게 다가온 희망의 손길

다행히 불행했던 크레인에게 한줄기 빛이 비쳤다. 크레인의 처지를 딱하게 여긴 한 신문사 기자의 취재와 함께, 동물복지 개선을 위해 힘쓰는 동물보호단체들의 목소리가 서울대공원 측에 잘 전달된 덕분이다. 2012년 12월 18일 낮 1시, 크레인은 트럭에 실려 고향으로 돌아갔다. 서울대공원에서 크레인을 데리러 온 사육사의 따뜻한 말과 함께.
"자 이제 집에 가자. 밥은 집에 가서 먹자."
다른 호랑이와 어울려 본 적도, 마땅히 마음을 나눌 사육사도 없이 홀로 외로운 시간을 견뎌 왔던 크레인. 시기적으로 아쉽기는 하지만 그나마 다행한 일은 크레인이 쫓겨나기 직전인 2003년부터 서울대공원이 '행동 풍부화 프로그램'을 시행했다는 것이다. 2011년에는 많은 사람들의 아이디어를 모으기 위해 공개적으로 행동풍부화 공모전까지 벌였다. 크레인도 이제 그 혜택을 받게 되었다.

사육사들은 관절염 때문에 다리를 절룩거리는 크레인이 건강을 회복할

수 있도록 정성을 다해 돌봤다. 사육장 안에 작은 연못도 만들어 주었다. 크레인은 혼자서 지냈다. 몸이 약하고 성격도 소심하다 보니 서울대공원의 다른 호랑이와 어울리기는 힘든 탓이다.

골골거리는 크레인도 물장구를 치며 장난칠 때는 씩씩한 개구쟁이 같아 보였다. 사육사는 매일같이 그의 이름을 불러주었다. "크레인 이리와, 코 하자." 하면 크레인은 어기적거리며 철장으로 다가왔고, 사육사는 철장 틈 사이로 크레인의 코와 이마를 만져 주었다. 다른 호랑이와는 달리 크레인은 사람의 관심에 힘을 얻으니까.

크레인이 떠난 후 운영난을 견디지 못한 민간업체의 동물원은 2015년에 완전히 문을 닫았다. 그곳에서 구조되지 못한 동물들은 모두 어디로 가야했을까. 유럽불곰, 반달곰, 일본원숭이, 수리부엉이, 긴꼬리 꿩, 호로새 등 107마리의 동물들은 전국 각지로 뿔뿔이 팔려갔고 하나 둘 쓸쓸히 사라져 갔다.

# 제돌이의 고향은 제주 바다

공원과 접한 바다에 살면서 위험에 빠진 사람들을 구조하고 심지어 도둑을 잡는 일에도 한몫 톡톡히 해내는 영웅 돌고래가 있었다. 그의 이름은 '플리퍼'. 플리퍼는 1964년부터 3년 동안 미국의 TV 드라마에서 종횡무진 활약하며 돌고래의 총명함을 사람들에게 널리 알렸다. 실제로 플리퍼 역할을 한 돌고래는 모두 5마리였지만, 감쪽같이 하나의 주인공으로 비추어졌다. 모습이나 크기도 비슷했고 연기 실력도 막상막하였으니. 릭 오배리라는 유능한 조련사가 야생의 돌고래들을 직접 포획하고 노련한 솜씨로 훈련한 덕분이었다. 그는 돌고래 조련으로 남부럽지 않은 부와 명성을 누렸고, 미국에서 돌고래 쇼와 수족관 사업을 번성시키는 역할을 했다. 드라마가 끝나고 나서 5마리의 돌고래들은 미국 마이애미의 수족관으로 옮겨져 돌고래 쇼를 시작했다. 릭 오배리는 최선을 다해 돌고래들을 돌봤다. 그는 사람들 세상에서 스타로 살아가는 돌고래의 삶이 나쁘지 않다고 확신했다.

## 돌고래 캐시의 마지막 인사

아아! 열 길 물속만 알고 한 길 돌고래 속은 그 누구도 몰랐던 것일까. 1970년 4월 21일, 돌고래 캐시는 릭 오배리 앞에서 갑자기 숨을 거두고 말았다. 돌고래는 물속에선 숨을 쉴 수 없는 포유류인데 그 날따라 이상했다. 캐시는 숨을 쉬러 물 밖으로 나오지 않았다.

뒤늦게 위급함을 눈치챈 릭 오배리는 허둥지둥 캐시를 구하러 물속에 들어갔다. 캐시는 자신을 구하러 물속에 들어온 릭 오배리의 얼굴을 가만히 바라보며 눈을 깜빡였다. 그러고는 그에게 다가가 숨을 한 번 들이켜더니 다시는 숨을 뱉지 않았다. 캐시는 자신을 야생에서 데려온 조련사의 품 안에서 조용히 숨을 거두었다.

"전 캐시가 스스로 삶을 포기한 것이라 믿습니다. 지금의 과학으로는 증명할 순 없지만요. 정말 작심한 듯 물 위로 올라오지 않았어요."

릭 오배리는 돌고래 조련사로 살았던 삶을 후회했다. 그리고 바로 삶을 180도 바꾸었다. 캐시가 죽은 날은 공교롭게도 첫 번째 '지구의 날'을 코앞에 둔 시점이었다. 릭 오배리는 지구의 날에 '돌핀 프로젝트'를 출범시켰다. 세계 최초의 돌고래 야생 방사 단체를 만든 것이다. 그리하여 지금

> **지구의 날**
> 1969년 1월, 미국 캘리포니아에서 원유를 시추 중이던 시설이 파열되어 인근 바다가 심하게 오염되었다. 이를 계기로 환경파괴에 대한 경각심을 일깨우는 '지구의 날' 선언문이 1970년 4월 22일, 발표되었다. 이후 매년 4월 22일은 전 세계의 시민들이 참여하는 기념일로 다양한 환경 행사들이 펼쳐지고 있다.

까지 모두 30마리 넘는 돌고래를 바다로 돌려보냈다.

그렇지만 세계 곳곳의 돌고래들을 자유롭게 하기 위한 행동으로 인해 그는 숱한 곤경에 빠졌다. 남이 소유한 돌고래를 몰래 풀어주려다 체포를 당하기도 하고, 돌고래를 사냥하는 사람들로부터 생명의 위협을 받기도 했다. 40년 동안 돌고래 방사 운동에 앞장서며 전사처럼 살아온 릭 오배리. 백발의 할아버지가 된 그가 2012년 5월 한국을 방문했다. 서울대공원의 돌고래 스타 '제돌이'를 만나기 위해.


## 제주 바다에서 납치된 돌고래 11마리

제돌이는 멸종 위기에 놓여 국제적으로 보호를 받고 있는 '남방큰돌고래(태평양과 일본 근해가 주 서식처로, 한국에서는 제주도 해역에만 100여 마리 정도 서식하고 있음)'다. 원래는 제주도 앞바다에서 살고 있었는데 2009년 5월 1일, 바다에 쳐 놓은 그물에 걸려 어민들에게 포획되었다. 국제보호종에 속하는 남방큰돌고래를 잡는 것은 불법이다. 설령 국제보호종에 속한 돌고래가 아닐지라도 포획하려면 정부의 까다로운 승인이 필요하다. 도대체 어민들은 왜 그런 일을 저지른 걸까?

제주도의 한 돌고래 공연 업체는 오랫동안 그들을 매수해 왔다. 어민들은 그물에 걸린 돌고래들을 재빨리 팔아넘겼다. 제돌이를 포함해 모두 11마리다. 2011년 7월이 되어서야 해양경찰청은 돌고래 포획에 가담한 어민들과 공연 업체 대표를 적발해서 이들을 법정에 세웠다.

첫 재판은 2012년 3월에 열렸다. 안타깝게도 그때까지 살아있던 돌고래는 11마리 중 7마리뿐이었다. 같은 해 11월, 두 번째 재판이 열리는 사이 또 2마리가 죽고 말았다. 무려 6마리의 돌고래가 연이어 목숨을 잃은 까닭은 무엇일까?

제주도에서 돌고래 공연은 연중무휴다. 게다가 하루 4차례 이상이나 계속되는 강행군이라 건강을 유지하기 힘들고 사망률이 높아질 수밖에 없다.

불행 중 다행이랄까. 제돌이는 제주도의 공연 업체가 아닌 경기도 과천의 서울대공원에서 살고 있었다. 공연 업체가 2009년 여름에 서울대공원의 바다사자 2마리와 제돌이를 맞바꾸었기 때문이다. 물론 바다사자들에겐 무척 안 된 일이다.

서울대공원 역시 돌고래 쇼를 위해 제돌이를 데려왔다. 그나마 이곳에선 전문적인 조련사가 돌고래의 건강을 꼼꼼히 살피고 스트레스를 줄이는 친절한 방식으로 돌고래를 훈련시킨다. 사설 공연 업체에 비한다면 꽤 괜찮은 환경이긴 하지만 그래도 돌고래들은 크고 작은 스트레스에 시달린다.

우선 수족관이 비좁다. 우리 인간들의 좁은 깜냥으로야 덩치 큰 돌고래가 유영하고 있는 수족관을 보고 널찍하다 말할 수 있겠지만 생각해 보라. 돌고래는 야생에서 하루 10km를 헤엄쳐 다니는 동물이다. 이런 돌고래에게 인공적으로 만족할 만한 환경을 마련해줄 수 있을까? 불가능하다.

안에 놀 거리가 충분하다면 좀 나을 수 있다. 컴퓨터 게임에 빠져 1주일이 넘도록 집 밖을 나가지 않았다는 사람도 있으니까 말이다. 하지만 돌고래를 가둬놓은 수족관을 떠올려 보자. 해초도 바위도 살아있는 물고기도 없는 콘크리트 재질의 상자인 셈이다. 릭 오배리는 서울대공원의 돌고래들을 살펴보면서 이렇게 말했다.

"세계 어느 동물원을 가더라도 뱀의 사육장만큼은 자연과 비슷하게 꾸며 놓았습니다. 풀, 모래, 물 등을 마련해 주거든요. 그런데 자의식이 있는 돌고래 수조에는 아무 것도 없어요. 산다고 하기보다는 그냥 생존하고 있는 거죠."

게다가 관객들의 박수 소리나 수족관의 기계 소리 등도 돌고래에겐 참기 힘든 소음이다. 돌고래는 수중 음향의 발신과 수신으로 의사소통을 하는 동물인 만큼 소리에 극도로 민감하다. 물 밖에 있는 임신부의 태아 심장 소리를 물속에서 들을 수 있을 정도라고 하니 말이다. 그런 돌고래가 감수해야 하는 인간 세상의 소음은 어느 정도일지….

돌고래 산업의 잔혹성을 고발한 다큐멘터리 영화 <코브>에는 사육되는 돌고래의 실상이 나오는데, 돌고래 대부분이 스트레스성 위궤양을 앓고 있어서 조련사들은 항시 위장약을 준비해 둔다고 한다.

한편 서울대공원의 관계자들은 돌고래 쇼가 동물학대라는 주장이 지나치다고 생각했다. 돌고래를 아끼는 한 사육사는, 돌고래는 조련사가 마음에 들지 않으면 공격적인 행동을 보이기 때문에 학대는 가당치 않다고 말했다. 자신이 좋아하는 사람을 선택한다는 것이다. 조련사의 항변이

틀린 건 아니지만, 수족관에서 태어난 돌고래라면 모를까 제돌이처럼 야생에서 잡혀 온 돌고래는 사정이 다르다.

돌고래는 활발한 사회성을 지니고 있기 때문에 떼로 무리지어 사는 특성이 있다. 제돌이도 마찬가지다. 무리와 어울려 사는 도중에 인간에게 납치된 상황이었으니 얼마나 힘들었겠는가. 돌고래 한 마리를 납치한 배를 따라 돌고래 가족 모두가 쉬지 않고 쫓아온 적이 있다는 유명한 일화도 있다. 무려 캐나다 바다에서 미국 시애틀의 항구까지.


## 제돌이, 다시 바다의 품으로

서울시는 제돌이의 불법 포획 소식을 듣고 결단을 내렸다. 야생 적응 훈련을 통해 제돌이를 다시 제주 앞바다로 돌려보내는 계획을 세우고, 돌고래 쇼가 동물학대라는 지적을 받아들여 서울대공원의 돌고래 쇼도 폐지했다.

돌고래 쇼에는 찬반 의견이 팽팽했지만, 전문가와 시민대표 100여 명이 참가하는 토론회 등의 과정을 거쳐 신중한 결론을 냈다. 돌고래를 모두 돌려보낼 때까지 한시적으로 쇼 대신 생태 설명회를 진행하기로 한 것이다. 생태 설명회는 무료로 진행되기 때문에 관람객들의 호주머니 부담 또한 확 줄어들었다.

한편 화려한 돌고래 쇼를 좋아하던 사람들은 생태 설명회가 지루하고 볼

품없다며 볼멘소리를 쏟아내기도 했다. 다섯 살 난 아들이 돌고래 쇼를 본 뒤로 돌고래를 너무 그리워해서 왔는데 설명회에 등장하는 돌고래는 물속에서 잘 나오지도 않는다며 하소연하는 엄마의 불평, 아이들이 재미없어하며 잠들어 버렸다는 아빠의 불만…. 이런 상황은 돌고래 쇼가 도리어 동물로부터 느낄 수 있는 순수한 감동을 없애버린 탓이다.

돌고래 쇼는 자연의 모습을 시시하게 만들어 버린다. 수족관에 살며 사람의 기술을 습득해야만 이처럼 돌고래의 진가가 발휘된다고, 야생의 돌고래들은 이렇게 화려한 공중돌기를 할 수 없다고 말이다. 그러나 수족관에서 보여주는 그 어떤 공중돌기도 바다에서 솟구치는 돌고래의 수영보다 아름다울 수는 없다.

나에게도 서울대공원에서 돌고래 쇼를 보았던 기억이 희미하게 남아있다. 아마 초등학교에 갓 입학할 즈음이었을 거다. 커다란 원형 고리를 향해 높이 뛰어 올랐던 돌고래 한 마리. 이상하게도 나의 머릿속 장면에선 고요한 정적이 흘렀다. 어릴 적 나의 두 눈에 비친 돌고래가 행복한 모습이 아니었기 때문일까. 그 뒤로 나는 두 번 다시 돌고래 쇼를 보고 싶지 않았다.

서울대공원의 돌고래 쇼는 폐지되었지만 우리나라에는 돌고래 쇼 공연장이 여럿 남아 있다. 돌고래 쇼를 좋아하는 사람들 때문이다. 제돌이를 불법 포획한 제주도의 공연 업체조차 재판이 진행되는 1년 동안 남아 있는 돌고래들을 혹사하며 돈을 벌어들일 수 있었다. 관객들은 재판 중인

공연 업체의 돌고래 쇼를 문제 삼지 않았다. 정의롭지 못한 일이다.

## 돌고래 전시를 금지하는 나라들

영국에서는 돌고래와 같은 해양 포유류의 전시와 공연이 사라진 지 오래다. 1970년대에는 돌고래 쇼 공연장만 30개에 이르렀지만 1993년을 기점으로 몽땅 문을 닫았다고 한다. 2012년에 이르러 유럽연합 회원국 중 돌고래 수족관이 사라진 나라는 영국을 포함해 13개국으로 늘어났다.

생태 관광으로 유명한 코스타리카는 이미 2005년부터 돌고래 등 해양 포유류의 전시와 공연을 법적으로 금지했다. 서울시는 이들의 뒤를 이어 앞서가는 동물복지로 명성을 얻게 되었다. 서울대공원에서 제돌이를 만난 릭 오배리는 제돌이를 바다로 돌려보낸다는 소식을 듣고 기뻐하며 이렇게 말했다.

"전 세계에 '서울이 자연을 존중한다'는 사실을 널리 알리게 됐군요."

제돌이와 함께 제주에서 불법 포획된 돌고래들도 모두 풀려날 수 있게 되었다. 2013년 3월, 공연 업체에 대한 마지막 재판에서 법정은 드디어 '몰수형'을 확정했기 때문이다. 건강 상태가 좋은 2마리는 제돌이와 함께 제주도에서 야생 방사 훈련을 받게 되었고, 건강이 악화된 2마리는 치료를 받으러 서울대공원으로 옮겨졌다. (서울대공원으로 옮겨진 2마리의 돌고래는 '태산이'와 '복순이'다. 2015년 여름, 제주도에 야생 방사 되었다.)

제돌이와 동료들이 방사 훈련을 받은 곳은 당시 내가 살고 있던 제주도의 동쪽 지역이었다. 서울의 친구들이 SNS에 '제돌이 돌아가는구나'라고 글을 적을 때, 나는 '제돌이 돌아오는구나'라는 댓글을 달아 놓았다. 제돌이가 그물에 잡혀 서울대공원으로 갔을 때 나는 서울에서 살고 있었는데, 내가 제주도로 이주를 하고 나니 제돌이가 다시 서울에서 제주 바다로 돌아오게 되었다. 도와준 건 하나 없지만 왠지 뿌듯하다. 제돌이와 인연이 있는 것 같은 기분이랄까.

2013년 7월 18일 드디어 제돌이가 바다로 돌아가는 날. 훈련장에 온 돌고래 3마리 중 삼팔이는 이미 한 달 전에 스스로 훈련장 그물을 탈출했다. 다행히도 삼팔이는 야생에 잘 적응하고 있는 게 확인되었고 남은 돌고래는 제돌이와 춘삼이.

이 둘을 야생으로 보내기에 앞서 의미있는 기념식이 열렸다. 그곳에서 제돌이 방류 시민위원장을 맡았던 최재천 선생님은 이야기를 풀어 놓으셨다. 오늘부터 제돌이가 갑이고 우리가 을이 되었다고. 제돌이가 보고 싶으면 우리가 바다로 찾아와야 한다고. 인간이 갑이고 동물은 늘 을이었던 시대가 변해야 한다고.

제돌이와 그의 동료들에게 희망을 걸어본다. 야생에 잘 적응해서 릭 오배리가 40년을 바쳐 일하며 소원한 대로 우리나라에서, 아시아에서, 그리고 전 세계에서 돌고래 쇼가 사라지게 되는 그날을 앞당겨 주기를. 그의 말이 귓가에 맴돈다.

"돌고래 조련으로 큰돈을 벌고 있는 동안에 난 해마다 최고급 승용차를 사들였죠. 만약 지금 알고 있는 걸 그때도 알았더라면 그 돈으로 수족관에 갇힌 돌고래들을 사왔을 겁니다. 바다로 자유롭게 풀어주기 위해서요."

미국의 수족관에도 변화가 찾아왔다. 미국의 볼티모어 국립 수족관은 새끼 돌고래 2마리가 죽고 무리의 우두머리 돌고래가 먹이를 거부하자 쇼를 폐지했다. 2016년부터는 돌고래들에게 바다 적응 훈련을 시키고 있다. 볼티모어 수족관장은 갇힌 돌고래를 불편하게 여기는 관람객이 점점 많아지는 추세라며, 플로리다 등지의 해변에 거대한 울타리를 치고 바다쉼터를 조성해 수족관에서 태어나 야생 능력이 부족한 돌고래를 그곳에서 살게 하겠다고 밝혔다.

넉!

사람을 반기며 물결치는 투명한 바닷물 위
반짝이는 피부로 굽이치는 돌고래의 무리
노래해 캐시의 영혼과 릭 아저씨의 의리

# 4월의 코끼리
# 탈출 사건

긴 생머리를 질끈 동여매고 전기기타를 연주하는 자태가 멋진 록 밴드 '부활'의 리더 김태원. 1986년부터 지금까지 정식 음반만 13장에 이른다니 발표한 곡들 수는 쉽게 헤아릴 수 없을 정도다. 누군가 나에게 부활의 음악을 하나 추천해 달라 하면 이 음악을 꼭 소개하고 싶다. 서울 어린이대공원에서 6마리의 코끼리가 탈출했다는 뉴스를 듣고 영감을 받아 만들었다는 연주 음악 <4.19 코끼리 탈출하다>. 그는 탈출을 시도한 코끼리들을 응원하고 싶어서 자유에 대한 갈망과 환희를 전자기타의 선율로 웅장하게 표현했다고 한다. 그 연주는 코끼리가 탈출을 시도했던 2005년도에 발표했다. 노래가 없는 연주 음악이어서 당시에는 널리 알려지진 않았다. 그러다가 몇 년이 지나 한 TV 방송에서 그가 기타로 연주한 다음 단숨에 화제가 되었다. 많은 이들이 웅장하고 비장한 선율에 감동했고 어렴풋이 코끼리 탈출 소동을 떠올리기도 했다. 나는 어린이대공원 근처 학교에 다닌 적이 있어 당시의 그 소동을 똑똑히 기억하고 있다.

## 6마리의 코끼리, 왜 탈출했을까?

2005년의 4월, 아담한 덩치의 코끼리 6마리가 어린이대공원에 도착했다. 이들은 원래 공연을 하며 지냈던 인천의 송도유원지에서 멀리 떠나온 탓에 심리적으로 매우 불안한 상태였다. 트럭에 옮겨 태울 때부터 비좁은 우리에 갇히지 않으려 몸부림치느라 일하는 사람들은 진땀을 뺐다. 코끼리라고 달랐을까. 불편한 몸을 이끌고 낯선 곳에 실려와 피로와 불안이 밀려왔을 것이다. 게다가 코끼리들은 대부분 나이가 어렸다. 코끼리를 길들이려면 한창 어미에게 의존할 시기에 강제로 떼어놓아야 한다. 이 과정을 '파잔'이라고 하는데, 상당히 끔찍한 방법들이 동원될 때도 있어서 코끼리가 목숨을 잃기도 한다. 그런 과정을 벗어난 지 얼마 되지 않은 상태에서 낯선 한국으로 옮겨와 공연하고 또다시 새로운 곳으로 이동했으니 얼마나 힘들었을까!

어린이대공원에 도착한 코끼리들에게는 충분한 휴식이 필요했다. 문제는 당연히 주어져야 할 휴식 기간이 없었다는 것이다. 4월 15일과 16일에 걸쳐 대공원에 도착한 코끼리들은 곧 바로 16일부터 공연에 투입되었다. 공연은 하루에 5번씩 강행군을 계속했다. 코끼리는 생각했을 것이다. 더는 이렇게 못 살겠다고.

4월 20일 오후 3시 3분경, 우리 밖에서 행진하던 중 난데없이 코끼리 한 마리가 도망쳐 나갔다. 나머지 코끼리들도 용기를 냈는지 처음 뛰쳐나간 코끼리 뒤를 따랐다. 코끼리의 탈주극 자체는 대범했지만, 탈주한 코끼리들의 성격은 소심했다. 그들은 사람을 공격하지 않고 피해 다녔다. 한 아주머니만이 코끼리에 놀라 급히 피하다가 머리를 다쳤다.

탈주극은 시시하게 끝났다. 1마리는 탈출하자마자 가까운 경찰서에서, 2마리는 지하철역 사거리와 인근 주택가에서 2시간 만에 붙잡혔다. 다른 3마리는 대공원 부근의 음식점 유리문을 깨고 들어갔다가 밤 8시가 되어 이끌려 나왔다. 이 소동을 두고 뉴스에선 코끼리가 '난동'을 부렸다고 전했다. 식당 안 코끼리들은 구석에 머리를 박고 공포에 떨었을 뿐이었는데.

그들이 식당 안으로 뛰어들었던 건 출동한 경찰차들의 시끄러운 사이렌 탓이었다. 사이렌 소리에 잔뜩 겁을 먹은 코끼리들이 당황해서 급하게 식당 안으로 피신했다. 코끼리는 본래 겁이 많다. 앞서 송도유원지에선 관람객들의 환호성에 놀란 코끼리가 도망친 사건도 있었다.

그 일로 코끼리 공연이 중단되었다. 단 9일 동안만. 그리고 다시 관객들을 맞이했다. 대공원 측은 이른바 잘못을 저지른 코끼리들의 속죄 공연으로 홍보했다. 하루 5번의 공연 중 첫 번째 아침 공연은 3일간 무료로 개방한다는 소식이었다. 공연장에는 300명의 관객이 몰려들었다.

코끼리들은 다시는 도망칠 수 없는 단단한 담장 안에서 속죄하기 위해 사람 흉내를 내야만 했다. 춤을 추고 축구와 농구를 하면서. 아마도 그 앞에서 환호성을 지른 어린이들은 만화영화에서 보았던 영특한 서커스 코끼리를 실제로 만났다고 오해했을 것 같다.

## 쇼 코끼리가 받는 고통

얼핏 보기에 사람이 코끼리를 통제하는 방법은 어렵지 않아 보인다. 코끼리는 영리하니까 사람 뜻을 잘 알아듣고 순순히 따르는 것 같다. 하지만 실상은 다르다. 먼저 코끼리 조련사를 눈여겨보자.

조련사는 '따거'라 불리는 뾰족한 갈고리를 들고 있다. 귀 뒷부분처럼 부드러운 피부를 찌르면서 코끼리를 조종하기 위해서다. 누군가 내 귓등을 뾰족한 갈고리로 찌른다고 생각해보라. 소름 끼치지 않나? 어떨 땐 피가 나도록 찔릴 수도 있다. 게다가 콘크리트 바닥은 코끼리의 관절에 무리를 주어 발을 상하게 한다. 코끼리에게 발은 매우 중요하다. 학대받던 코끼리를 거두어 돌보고 있는 태국의 '코끼리자연공원'에서는 발 건강을 전문으로 하는 수의사를 따로 두고 있을 정도다.

동물보호단체들의 조사에 따르면, 대부분의 코끼리는 묘기를 배우기 위해 강도 높은 매질을 당하거나 입에 재갈이 물린다고 한다. 심지어 전기 충격을 받을 때도 있다. 코끼리가 반항을 멈추고 무력감에 빠져야만 쇼에 동원될 수 있다.

뾰족한 따거로 끊임없이 조종당하며 공연을 감당하고 있는 코끼리들은 가끔 눈을 크게 부릅뜨기도 한다. 참을 수 없을 정도의 스트레스가 밀려올 때 그렇다. 자연 상태에 있는 코끼리들은 죽은 동료를 애도하며 장례를 지내고, 밀렵을 한 인간들의 만행을 똑똑히 기억했다가 민가를 습격하기도 한단다.

코끼리의 생태를 알고 나면 코끼리를 길들이는 인간의 태도에 심각한 문제가 있다는 것을 알 수 있다. 코끼리는 돌고래처럼 자아를 인식할 수 있을 만큼 영리하다. 그들이 겪어야 하는 고난 속에서 인간에 대한 감정의 골은 또 얼마나 깊을지….

동물원은 단호하게 동물쇼를 반대해야 하는 곳이다. 그런데도 서울대공원 같은 공립 시설에서조차 돈을 벌기 위해 돌고래 쇼를 지속하면서 사람들 의식을 잘못 길들여 놓았다. 서울대공원은 제돌이 사건을 계기로 물개 쇼 등 모든 동물 쇼를 폐지하는 모범을 보여 주어서 천만다행이다. 동물쇼가 없어진 것에 적잖이 당황해 하는 사람들도 많다. 1976년에 용인자연농원(현 에버랜드)의 멧돼지 쇼를 시작으로 우후죽순 번져 나간 동물쇼가 뿌리 깊은 오락 문화로 자리 잡은 탓이다.

## 동물을 괴롭히는 오락 문화는 이제 그만

2016년 5월 1일, 미국 최대의 코끼리 서커스단 링링서커스는 마지막 코끼리 쇼를 펼쳤다. 동물보호단체의 압력으로 134년 만에 코끼리 쇼를 포기한 것이다. 링링의 코끼리들은 서커스단에서 은퇴했고 플로리다에 있는 보호센터에서 여생을 보낸다. 같은 해 우리나라의 대표 관광지인 제주도에서는 하루 4번의 코끼리 쇼가 연중무휴로 펼쳐지고 있었다. 동물쇼를 사업으로 삼는 업체가 동남아에서 코끼리와 조련사를 통째로 수입해 운영하는 곳이다.

몽골의 조련사가 지휘하는 제주도의 기마공연 역시 동물 쇼에 속한다. 흑돼지와 거위 등을 쇼에 동원하는 제주도의 한 사설 관광농장은 한때 하루 1000여 명까지 몰려올 정도로 문전성시를 이뤘다고 한다. 블로그에 올라온 영상을 보니 흑돼지와 거위들이 버둥대며 물 미끄럼틀을 타고 내려와 바닥의 먹이를 주워 먹고, 그 모습에 관광객들은 하하 호호 웃음을 터트린다. 안타깝게도 대부분 동물 쇼 홍보물에는 '교육적'이라는 수식어가 따라붙는데 이 상황을 멀찍이서 한번 바라보자. 과연 교육적이라 할 만한 모습인지.

600년 전 『조선왕조실록』의 기록을 보면 코끼리를 대하는 옛사람들의 태도가 지금보다 나아 보인다. 일본 국왕이 조선의 왕 태종에게 선물로 보낸 코끼리 한 마리. 이 덩치 큰 동물을 처음 만난 조선 사람들은 무척 난감했다고 한다.

신기하고 귀한 동물이니 조정은 목장을 관리하는 관청에 코끼리를 맡겼지만 코끼리가 곡식을 축내는 통에 목장은 견뎌 내지를 못했다. 말이나 소처럼 사람 일에 도움을 주는 것도 아니고 심지어 자신을 화나게 한 벼슬아치를 발로 밟아 목숨을 잃게 한 사건까지 발생했다. 골칫덩이로 전락한 코끼리는 간신히 사형은 면했지만 전라도의 외딴 섬으로 귀양가는 신세가 되었다.

귀양을 떠난 지 1년이 훌쩍 지난 즈음, 전라도의 관리는 태종에게 코끼리의 소식을 전한다. 코끼리를 방목하고 있는데 풀을 먹지 않고 날로 수척해진다는 내용이었다. 태종은 이를 불쌍히 여겨, "멀리 고국을 떠나 낯선 땅에 있는 것은 가련한 일이다. 육지로 데려와 기르도록 하라"며 코끼리를 불러들였다.

충분히 길들지 않은 탓이었을까. 코끼리는 세종에 이르러 다시 귀양을 떠나고 말았다. 그렇지만 세종 또한 최소한의 친절은 잊지 않았다. 좋은 물과 풀이 있는 곳에 풀어놓고 병들어 죽지 말게 하라고 명한 것이다. 『조선왕조실록』의 코끼리 이야기는 여기서 싱겁게 끝이 난다.

수백 년이 지나 조선의 땅에는 숱한 코끼리들이 살고 있지만, 여전히 그들에게 이곳은 낯설고 어려운 땅이다. 한국의 여러 동물원을 옮겨 다니다 발에 심각한 병을 얻은 베트남 태생의 '코돌이'는 발이 아파 쓰러지면 스스로 일어나지 못했다. 2015년에 쓰러졌을 때도 사람들은 기중기로 코돌이를 들어올려야 했다. 이후 코돌이는 다시 바닥에 눕지 않았다. 잠을 잘 때도 벽에 몸을 비스듬히 기대고 버티면서 살았다.

너!

대공원을 탈출한 여섯 마리의 코끼리
사이렌 소리에 놀라 건물 안으로 뛰었지
난동과 탈주극 요란한 기사와 뉴스 앞에서
누군가는 기타로 코끼리를 위로했네 음악 안에서

# 우탄이의
# 이유 있는 반항

1992년 인도네시아의 보르네오섬에서 태어나 이듬해 한국의 동물원으로 팔려온 오랑우탄 '우탄이'. 그 또한 동물쇼 때문에 곤욕을 치렀다. 우탄이는 자신이 있는 동물원을 대표해 TV 방송에 출연하면서부터 스트레스가 심해졌다. 우탄이는 한복이나 운동복을 입고 숟가락으로 밥을 뜨거나, 캔 음료수를 직접 손으로 따는 모습을 사람들에게 보여주었다. 시청자들은 사람을 꼭 닮은 우탄이의 모습을 보고 환호했다. 우탄이를 보기 위해 줄줄이 동물원까지 찾아왔다. 동물원의 관람객들은 우탄이와 팔짱이라도 한번 껴보고 싶어 안달이었다. '연예인'이라는 호칭이 무색하지 않을 정도로…. 보르네오 오랑우탄으로 태어난 우탄이는 수마트라 오랑우탄, 침팬지, 보노보, 고릴라 등과 함께 유인원에 속하는 동물이다. 학술적으론 사람 또한 유인원에 속한다. 그러니까 우탄이는 '준 사람'인 격이다.

## 숲에 사는 인간, 연예인을 거부하다

2012년 <한겨레신문> 최우리 기자는 우탄이를 집중적으로 취재했다. 그 기사를 보고 나는 가슴이 먹먹해 왔다. 방송 피디와 작가들은 촬영 때마다 우탄이를 위해 과자와 음료수를 잔뜩 사왔다고 한다. 우탄이가 하도 잘 먹어서 먹보라는 별명이 따라 붙었다.

그러나 우탄이는 결코 연예인의 삶을 원하지 않았다. 그에겐 괴로운 자리였다. 가끔 골이 나 말을 잘 듣지 않을 때도 있었는데 그럴 때면 사육사가 우탄이의 귀를 세게 당겨 주의를 주곤 했다. 우탄이는 울며 겨자 먹기로 방송에 출연해서 동물원을 홍보하고 사람들을 웃게 했다. 방송 프로그램에 고정 출연하기 시작한 2003년 이후 거의 3년 동안이나 이런 생활이 계속되었다.

그러던 어느 날 우탄이는 괴물처럼 폭발하고 만다. 우리를 청소하러 들어온 사육사의 왼손을 세게 물고 난동을 부렸다. 사육사가 걸레질하려고 엎드린 순간 벌어진 일이었다. 어른 오랑우탄은 남자 어른 여러 명이 달려들어도 제압하기 힘들 정도로 힘이 세다. 화가 나면 무척 위험한 존재다. 사람들이 달려들어 우탄이를 떼어놓긴 했지만 공격을 당한 사육사는 두 달 동안이나 왼손을 쓰지 못했다.

동물원은 신속하게 조치했다. 방송 출연을 중지시키고 우탄이를 동물원 방에 '전시'만 하도록 했다. 대신 방송에 내 보낼 새 오랑우탄을 구해 왔다. 아홉 살 암컷 오랑우탄 '오랑이'였다.

오랑이는 우탄이를 대신해 방송에 나가고 사진 촬영을 감당했다. 크리스마스에 빨간 옷을 입고 구세군 냄비 타종식에 참석한 적도 있다. 그때 우탄이도 같이 빨간 옷을 입고 참여했지만 우탄이는 오랑이를 좋아하지 않았다. 2010년에는 둘이서 같은 방을 쓰게 했지만 사흘 만에 분리해야 했다. 우탄이가 밥을 다 뺏어 먹는 바람에 오랑이는 살이 쏙 빠져 있었다.

우탄이는 확실히 반항한 덕에 연예인 생활에서 벗어날 수 있었다. 일단 목적을 이룬 셈이다. 아이큐가 65에 이르니 그 정도는 생각할 수 있었을 법하다. 하지만 우탄이에게 사생활은 거의 보장되지 않았다.

자기 방을 직접 걸레질할 정도로 똑똑했던 그는 방안을 뱅뱅 돌고 바닥을 긁거나 창살에 매달리면서도 항상 누군가의 시선을 느껴야 했을 거다. TV 리얼리티 쇼도 아니고, 사생활이 없는 공간에서 평생을 살아간다고 상상해 보라. 우탄이는 자신의 삶이 어딘가 이상하다고 자각했을 게 분명하다.

**나!**

털이 없는 사람들은 나를 우탄이라 불러
그럭저럭 괜찮았어 어딘가 불편하긴 했지만
그런데 귀를 세게 잡아 당겨 다그치는 날이 잦아졌고
모든 게 이상하다는 걸 직감 했어
나도 모르게

## 스무 살 우탄이의 갑작스런 죽음

어느덧 우탄이는 어른이 되었다. 어릴 때의 귀여운 모습이 사라진 어른 우탄이에게 관람객들은 친절하지 않았다. 놀리듯이 아무 말이나 툭툭 던지거나 재주를 부려 보라며 히죽거리는 사람들 앞에서, 우탄이는 그저 무덤덤했다.

사람들이 성의 없이 던져 주는 음식을 받아먹어서 배탈도 자주 났다. 던져진 음식과 우탄이의 토사물로 3평 남짓한 우리는 금방 지저분해지곤 했다. 아침엔 사육사들이 고압의 물로 청소를 해주는데 바쁜 날에는 우탄이도 대걸레를 들고 함께 청소했다. 방송에 출연할 때 배워놓은 방법이다. 오랑우탄의 평균 수명이 마흔 살이니 우탄이는 앞으로 이렇게 20년을 더 살아야 했다. "쿵 쿵…" 왜 그런지는 몰라도 우탄이는 가끔 자기 머리로 단단한 철문을 세게 두드렸다.

2012년에 동물원은 우탄이를 배려해서 방을 옮겨 주기로 했다. 우탄이가 있는 우리가 매우 비좁고 햇빛도 잘 들지 않아서였다. 하지만 우탄이는 새 방을 구경하지 못하고 그해 6월 하늘나라로 떠나고 말았다. 그때 나이가 겨우 스무 살이었는데, 우탄이는 노년이 되어야 걸린다는 악성종양이 몸에 번져 호흡곤란과 심장마비로 사망했다.

오랑우탄의 삶은 야생에서도 험하긴 마찬가지다. 인도네시아와 말레이시아의 야생 오랑우탄 서식지는 대규모 기름야자 농장을 확장하는 바람에 90% 이상 파괴되었다. 그로 인해 한때는 매년 5000마리의 오랑우탄이 목숨을 잃었다. 오랑우탄 구조 센터에는 가까스로 구조된 오랑우탄들이 가득했다고 한다. 매일매일 멸종 위기의 위험에 떠밀려 살아가는 야생의 오랑우탄에 비하면, 그래도 동물원에 갇힌 우탄이의 처지가 나았다고 할 수 있을까?

아니다. 전시와 공연을 강요받는 삶 또한 오랑우탄에겐 비극이었다. 고등영장류가 인식하는 자존감을 제대로 존중하지 않고 높은 지능을 상업적으로 이용하는 것에만 관심을 두는 동물원이 그들에겐 감옥이었을 것이다.

이제 우탄이는 떠나고 오랑이가 남았다. 오랑이는 우탄이가 입었던 옷을 수선해서 입고, 아이들을 위해 잇몸을 드러내는 미소를 지으며 씽씽 킥보드를 탄다. 동물보호단체 '카라'는 2015년 1월, 오랑이가 생태적으로 적합한 장소에서 보호받으며 살 수 있도록 추진하는 '프리오랑 프로젝트'를 선언했다.


## 동물 공연을 규제하려면?


오랑우탄도 그렇고 돌고래와 코끼리도 그렇고, 모든 종류의 동물 공연을 완전 금지하진 못하더라도 법적인 제제와 규제는 반드시 필요하다. 영국은 1925년에 **공연동물법**을 제정했다. 기본적으로 공연하는 동물의 종류를 엄격히 제한하고 공연 동물들을 각 지방자치단체에 등록시켜 관리하는 법이다. 동물이 혹사당하지 않도록 공연 시간을 기록해야 하는 내용도 있다.

이렇게 오래된 공연동물법의 역사를 지닌 나라에서도 동물보호단체들은 감시의 눈을 총총 밝혔다. 동물 공연이 계속되는 한 쇼를 거부하는 동물이 생기기 마련일 테고, 이를 강제하려는 방법들이 동원될 수 있기 때문이다.

그러다 2009년 영국에서 공연 동물 학대 행위가 발각되었다. 한 서커스 업체의 직원들이 코끼리와 사자, 호랑이를 마구 매질하고 전기 충격 장비까지 사용한 것이다.

서커스 업체는 동물보호단체가 동물의 복지 상태를 조사하러 오면 거짓으로 보고했다. 심지어 학대받은 동물을 보이지 않는 곳에 숨겨 두기도 했다. 동물보호단체가 비밀리에 서커스장에 잠입해 서커스 직원들의 동물 학대 장면을 포착하는 바람에 이 사실이 드러났다.

영국의 동물보호가들은 야생동물 서커스를 전면 금지하기 위한 새로운 법을 통과시키려고 노력을 다했다. 마침내 영국 정부는 모든 야생동물 서커스를 2015년 12월부터 금지하기로 했다. 이미 오스트리아·코스타리카·이스라엘·싱가포르 등의 나라에서는 야생동물을 이용한 쇼를 금지했으니, 일찍이 공연동물법을 제정했던 영국이 한발 늦은 셈이다.

공연 동물에 대한 법적인 제도가 미비한 우리나라의 상황은 어떨까?

2015년, 제주도에서 진돗개에게 전기충격을 가하며 공연 훈련을 시킨 업주의 행태가 발각된 것은 빙산의 일각일 수 있다. 동물쇼를 강력히 규제하는 법안이 필요한 이유다. 동물쇼로 사업을 벌이고 있는 업체와 동물원은 교육적이라는 표현까지 동원해서 홍보를 벌이지만, 동물을 학대하고 혹사하고 있다면 절대로 교육적일 수 없다.

동물원의 역사와 잘못을 알려주고 그 잘못을 되풀이하지 않기 위해 노력하는 모습을 보여주는 것이야말로 동물원이 할 수 있는 가장 교육적인 일이다. 최소한 오랑이가 우탄이보다는 더 나은 복지를 누릴 수 있도록 말이다.

# 동물원에 면허증을 발급하라

인류에게 전해지는 가장 오래된 동물원 이야기는 '노아의 방주'가 아닐까. 신에게 선택받은 노아라는 이름의 할아버지는 오백 살 즈음에 엄청난 크기의 나무배를 만들기 시작했다. 제작해야 할 배의 설계도는 입이 딱 벌어질 만큼 거대했다. 방주의 크기는 길이가 135m 폭이 23m 높이는 14m. 지붕과 문이 꼼꼼히 달린 배 안의 구조는 총 3층이었다. 100년 후 불어 닥칠 대홍수에 철저히 대비하기 위해서였다. 노아는 100년에 가까운 세월에 걸쳐 방주를 완성했다. 그리하여 홍수가 나기 직전에 수많은 동물을 배에 태웠다. 사람들에게도 홍수가 날 것이라고 열심히 알렸지만, 믿는 사람은 없었다. 결국, 노아와 그의 가족 8명만이 배에 올랐고 방주 주변은 깡그리 물에 잠기고 말았다. 뭍이 보이지 않는 상황은 무려 1년 동안 지속하였다. 그동안 노아의 가족은 수백 수천의 동물을 먹이고 돌보아야 했다. 사람들에게 구경시키기 위해서가 아니라, 동물을 살려내어 자연으로 돌려보내기 위해서 말이다. 노아의 방주는 동물을 위하는 진짜 동물원이었다.

## 동물원의 쓰라린 역사

노아의 방주 이후 인류의 역사에 기록된 동물원의 이야기는 대체로 암담하다. 로마 시대의 황제는 아프리카에서 맹수들을 잡아다 오락용으로 사용했고, 힘이 약한 나라를 식민지로 삼던 유럽 제국주의 시절의 침략자들은 식민지의 동물을 살아 있는 채로 가둬 둠으로써 자신의 권력을 돋보이게 했다. 왕과 귀족 등 지배자의 욕심을 위해 생겨난 동물 사육장들이 바로 동물원의 시초인 셈이다.

이처럼 동물원은 지배자로 군림하고 싶어하는 인간들의 욕망을 충족시켜주는 장소로 인기를 누려 왔다. 유럽인들은 동물을 전시하는 것만으로는 성에 차지 않았는지 식민지 사람들을 동물처럼 전시하기까지 했다. 축구스타로 유명한 프랑스의 '크리스티앙 카랑뵈'. 그의 증조부도 1931년 프랑스 파리에서 전시된 적이 있는 피해자다.

그의 증조부는 천국에 가까운 섬이라고 불릴 정도로 아름다운 남태평양 뉴칼레도니아 사람이었는데, 초청받아 프랑스를 방문했다가 난데없이 봉변을 당하게 되었다. 그의 증조부는 외교 사절단으로서 초청받은 것으로 생각했지만 정작 그를 기다린 건 치욕적인 인간 전시장이었다. 강제로 파리의 식민지 박람회장의 우리 안에 갇혀 구경거리가 되었고, 독일의 서커스장으로 끌려가 식인종이라는 꼬리표를 달아야 했다.

다행히 증조부는 고향으로 돌아왔지만 그 후 정신적 충격에서 벗어나지 못해 남은 생애 동안 괴로워했다고 한다. 그의 후손인 크리스티앙 카랑

뵈는 1998년 월드컵 경기장에서 프랑스 국가를 부르지 않고 침묵함으로써 뉴칼레도니아 사람들이 겪어야 했던 부당함을 조용히 드러냈다.

제국주의 시대의 인간 동물원은 놀랍게도 1958년까지 존재했다. 연구에 따르면 유럽·미국·일본 등 소위 강대국 사람들이 1810년부터 총 3만 5000여 명의 식민지 원주민들을 관람했다고 한다. 마지막 인간 전시는 벨기에서 열린 '콩고 주민 전시회'였다.

2011년 겨울, 프랑스 파리에서는 지난 잘못을 반성하기 위한 전시회가 열려 세계의 주목을 받았다. 전시명은 <인간 동물원: 야만인의 발명>. 쓰라린 과거를 돌아보는 전시회의 분위기는 사뭇 우울하고 침통했을 것 같다.


## 동물원에 불어온 변화의 바람

지금처럼 일반 관람객을 받아들이는 동물원의 형태는 1765년 오스트리아의 '쇤브룬 동물원'이 최초였다. 그러다 1828년에 과학과 연구를 표방한 '런던 동물원'이 개장하면서부터 동물원은 하나의 거대한 산업으로 성장했다. 인간의 폭력성을 고스란히 닮아온 동물원의 역사에도 변화의 바람은 있었다. 20세기 초반 영국의 극지 탐험이 전성기를 이루던 때였다. 뒤뚱뒤뚱 귀여운 펭귄들이 줄줄이 런던 동물원으로 잡혀 왔고 동물원에는 꽤 근사한 펭귄 수영장이 건축되었다.

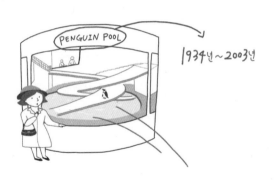

1934년~2003년

유아-!

2011년, 펭귄해변 개장!!  London ZOO

펭귄 수영장은 수영하고 싶어 하는 펭귄들이 S 자형의 비탈길을 따라 차례차례 걸어 내려오다가 물속으로 폴짝 뛰어들도록 설계되었다. 관람객들은 꾸불꾸불한 길 덕분에 펭귄의 앞뒤 모습을 한눈에 지켜볼 수 있었다. 비록 관람객의 시선을 고려한 디자인이었지만, 감옥 같은 우리 형태와 철창을 벗어던졌다는 점에선 동물복지에 접근한 건축물이었다.

1934년에 건축되어 오랫동안 명성을 누렸던 펭귄 수영장은 2003년에 문을 닫게 되었는데, 펭귄의 복지 환경을 높여 주기 위해서였다. 외관이 아름답고 현대적인 건축물이긴 했으나 펭귄에겐 너무나 낮은 수심이 문제가 되었고, 무엇보다 관람객의 시선을 피하고 싶을 때 숨을 은신처가 없었기 때문이다. 펭귄들은 새로 지어진 '펭귄 해변'으로 이사를 했다.

펭귄 해변은 말 그대로 해변처럼 조성되어 있다. 모래와 자갈이 깔린 해변이 있고 수심도 적당히 깊다. 펭귄 해변은 충분한 준비 기간을 거쳐 2011년에서야 대중들에게 개방되었다. 지금 그곳에는 60마리의 펭귄들이 거주하고 있다. 옛 펭귄 수영장은 영국 문화유산 1등급으로 지정되어 역사적인 건축물로 남아있다.

## '동물원법'이 필요하다

영국은 형편없는 동물원의 확산을 방지하기 위해 1984년부터 '동물원면허법'을 시행해 왔다. 이 법에 따라 영국의 모든 동물원은 '현대 동물원 운영 기준'을 준수해야 한다. 그 내용은 총 12가지로 나눌 수 있는데, 이 중 절반이 동물복지법에 근거한 동물의 편의와 안전에 대한 내용이다.

동물원 면허는 최초 4년간 유효하고 이후로는 6년에 한 번씩 새로 받아야 한다. 뒤이어 1998년엔 유럽의 회원국을 대상으로 하는 '유럽공동체 동물원 지침'이 제정되어 1999년부터 시행되었다. 회원국에 속한 모든 동물원은 지침에 따라 면허를 취득하고 철저한 검사를 받아야 한다. 만약 지침을 따르지 않는다면 폐쇄당할 수 있다.

2012년에 동물원 탄생 103주년을 맞이한 우리나라의 상황은 어땠을까? 지방자치단체에서 동물원을 설립하고자 할 때는 자연공원법 등에 따르도록 하지만, 개인이나 민간 기업이 동물원을 만들 때는 '박물관 및 미술관 진흥법'을 따르게 했다. 살아있는 동물을 박물관의 유물이나 미술관의 작품처럼 취급한 것이다.

크레인이 머물렀던 강원도 원주의 드림랜드 또한 법적으로는 박물관에 속했다. 그러다 보니 동물원 측에 땅을 빌려준 강원도에는 동물원 동물의 복지까지 관여할 수 있는 마땅한 부서가 없었다.

규모가 큰 국내의 민영 동물원으로는 에버랜드와 쥬쥬 등이 있고, 이 밖에도 관광객을 끌어들일 목적으로 만든 동물 체험장이나 이동 동물원 등은 수십 곳에 달한다. 게다가 우후죽순 더 늘어날 태세다.

동물원을 아무리 잘 꾸며 놔 봤자 감옥일 뿐이라는 반대론자의 목소리에 동물원이 꼭 필요하다고 옹호하는 사람들은 자연과 동물을 아끼는 교육장으로 거듭날 수 있다고 항변한다. 하지만 항변에 앞서 명심해야 할 것이 있다. 동물원을 옹호하기 위해서는 반대자들보다 더 앞장서서 강력한 동물원법 제정에 힘써야 한다는 사실을 말이다. 그래야 동물원은 바람직한 교육장의 역할을 할 수 있을 테니.

## '구경' 말고 '관찰'하는 즐거움으로

다행히 단비 같은 소식이 하나둘 들려오기 시작했다. 2012년 10월, 서울시는 한국 최초로 동물원 야생동물 권리장전을 만들기에 착수했다. 26명의 전문가로 구성된 '동물원윤리복지특별팀'을 꾸렸고, 서울대공원의 동물복지를 점검할 '시민동물윤리복지위원회'도 구성했다. 동물원 동물에 대한 윤리적인 복지 기준을 마련하자는 것이다. 그동안 국내의 동물원 동물들은 동물보호법에서조차 소외되어 있었다. 동물원법이 언제 생길지 모르는 깜깜한 상황에서 얼마나 반가운 소식이었는지.

2013년에는 드디어 한국의 첫 동물원법 제정안이 국회에 발의되었다. 동물원 동물의 사육 기준을 구체적으로 제시하고 이를 규제할 수 있는 내용의 법안이다. 국회 본회의 통과까지는 무려 3년이나 걸렸다. 하지만, '동물원 및 수족관의 관리에 관한 법률안'이라는 다소 긴 이름의 이 법안은 업계의 반발로 인해 동물복지에 대한 핵심 부분이 삭제되고 말았다. 반쪽짜리 동물원법을 원래대로 돌려놓아야 한다는 의견이 속출했고, 법안이 시행되기도 전에 추후 개정을 앞당기기 위한 움직임이 분주했다. 서울시는 허술한 동물원법의 보완책으로 별도의 **관람·체험·공연 동물 복지 지침**을 만들었다. 이 지침은 2016년 10월부터 적용됐다.

인간의 탐욕으로 인해 사람까지 전시했던 역사를 돌이켜 보면 동물원 설립과 운영에 대한 까다로운 규제는 당연한 일이다. 거만한 지배자가 힘없는 피지배자를 가둬 놓고 희희낙락하는 정서는 동물원에서 영영 사라져야 한다.

더욱이 돌고래처럼 사육에 적합하지 않은 종들의 전시는 자제하는 것이 동물원의 마땅한 도리다. 관람객에게는 구경이 아닌 관찰하는 즐거움을 알려줘야 한다. 동물의 자연스러운 행동을 관찰하며 혹시나 잘못된 점이 없는지 염려하는 마음이야말로 동물에 대한 최소한의 예의가 아닐까?

지구 상에는 1만여 곳이 넘는 동물원이 있다고 한다. 이 중에서 노아의 방주처럼 진정한 피난처로 거듭날 수 있는 동물원에만 면허가 발급될 수 있기를 소원한다.

예!

오랫동안 동물원은 박물관과 마찬가지
동물들은 불안하게 숨 쉬었어 20세기 마지막까지
변화의 바람아 불어라 서울에서 제주까지
모두가 알아야 해 동물원 법의 소중한 가치

최 태 규 수 의 사 에 게 묻 다

# "무엇을 '동물원'이라 부를 수 있을까?"

최태규 수의사는 국내 사육곰 구조와 보호소
조성을 위해 노력하는 '곰 보금자리 프로젝트'
의 활동가이자, 영국 에딘버러대 수의과대학
에서 응용동물행동학 및 동물복지학 석사를
받은 동물복지 전문가이다. 2020년 한 해 동
안 청주동물원에서 일하게 된 그를 찾아가 궁
금한 점을 물었다.

 지자체에서 공영 동물원을 자랑거리로 삼는 이유는 무엇인가요?

가장 큰 이유는 사람들이 선호하는 유원지이기 때문이에요. 동물원은 보통 공원
을 관리하는 부서에 속해 있어요. 축산· 농업 부서에 속한 곳도 있고요. 영국의
동물원은 우리와 달리 모두 민영이지만 운영 주체가 동물학회 같은 곳이라서 비
영리적입니다. 동물관리가 아주 체계적이죠. 하지만 코로나19 사태로 갑자기 수
익이 끊기는 국면에선 세금으로 운영되는 우리나라 공영 동물원이 더 나은 점도
있고요.

106

모든 공영 동물원이 보호소sanctuary처럼 전환될 수도 있을까요?

가능합니다. 영국의 '요크셔 와일드라이프 파크Yorkshire Wildlife Park'는 일반적인 동물원에서 생크추어리형 동물원으로 탈바꿈을 하자 오히려 수익성이 높아졌습니다. 동물을 보기 더 힘들어졌지만 관람객들의 만족도는 높아진 거예요. 청주동물원의 거대한 '물새장'도 새를 멀리서 관찰해야 합니다. 조망대에서 관람객들이 머무는 시간이 길어요. 경이로워 보이거든요. 공영 동물원이 이런 방향으로 개선되려면 환경부의 정책이 중요하고요.

 동물원이라 불릴 수 있으려면 어떤 기본 조건이 필요할까요?

동물원의 기본 조건은 법이 정해주는 것인데, 한국의 동물원·수족관 법은 아직 미흡합니다. 우선 동물원 설립이 '신고제'에서 '허가제'로 바뀌어야 실내 동물원 같은 곳을 막을 수 있어요. 최소한 만지고 먹이 주고 실내에만 머물게 하고 옮겨 다니면서 전시하는 곳은 허가받을 수 없도록 해야죠. 세계적으로 동물원은 '동물의 종 보전'을 위한 곳이어야 한다는 논의가 확산되고 있습니다.

최태규 수의사의 머릿속에는 이런저런 개선 아이디어가 줄줄이 가득했다. 다행이 예전보다는 이런 제안을 하고 추진하는 과정이 조금 수월해졌다고 한다. 2019년에 개봉한 다큐멘터리영화 〈동물, 원〉이 좋은 반응을 끌어낸 덕도 있다. 청주동물원을 배경으로 사육사들의 모습을 솔직하게 담아낸 이 영화에 관람객들은 평점 10점을 쏟아냈다. 나는 인터뷰를 마치고 집에 돌아와서 영화를 감상했다. 그리고 인터넷에 한 줄 평을 더했다. 나의 한 줄 평 하나가 동물원의 한 평을 개선시킬 수도 있을 테니까.

# 3장

# 집안의 반려동물

- ♡ 애완동물에서 반려동물로
- ♡ 사람을 돕는 반려동물들
- ♡ 사지 말고 입양하세요
- ♡ 반려동물 놀이터를 만들어주세요

# 애완동물에서
# 반려동물로

사람과 동물 사이에도 하늘이 맺어준 인연 같은 게 있을까? 그를 처음 만난 곳은 북한산 우이동의 허름한 민박집 구석, 깜깜한 하늘이 내려앉은 2002년 9월 어느 날 밤이었다. 그곳에는 작고 마른 겁먹은 개 한 마리가 무거운 사슬에 묶여 있었다. 지금 생각해봐도 참 이상한 일이다. 눈이 마주친 순간 나는 그 표정에서 온갖 것을 읽을 수 있었다. 두려움, 절망, 초조함···. 집으로 돌아와서도 눈에 자꾸만 아른거려서 잠을 이룰 수가 없었다. 이틀 후 내 발걸음은 서둘러 우이동을 향하고 있었다. 민박집 아주머니는 개를 구하러 온 나를 반기지 않았다. 아주머니와 나 둘 사이에 썰렁한 기운이 감돌았다. 나는 눈치를 살피며 주머니 속 지갑을 만지작거리고 있었는데 아주머니는 어딘가 석연찮은 표정으로 머뭇거리더니 집안으로 휙 들어가 버렸다. 데려가든 말든 상관없다는 듯. 난 멍한 기분으로 집 뒤편에 묶여 있는 개에게 조심조심 다가갔다. 힘없이 나를 바라보는 눈빛은 마치 그곳을 벗어날 준비가 되었다고 텔레파시를 보내는 것 같았다. 쇠사슬을 풀고 그를 품에 안았다. 그의 이름은 순이, 나의 반려견이다.

## 사람을 돕는 개의 특별한 능력

그길로 순이를 동물 병원에 데려갔다. 몸 곳곳에서 학대의 흔적을 발견했다. 특히 앞발의 뼈에 금이 가 있었는데, 왜 다쳤는지 알 수는 없었다. 그러던 어느 날 유력한 증거를 잡게 되었다. 예비군 훈련 때문에 먼지 쌓인 검은색 군화를 꺼내 신던 날이었다. 여느 때처럼 마당에서 날 반기러 뛰어오던 순이가 갑자기 사시나무 떨듯 벌벌 떨었다. 나는 깜짝 놀랐다. 검은색 군화가 문제인 게 틀림없었다.

훈련에서 돌아온 다음엔 안 보이는 곳에 군화를 꼭꼭 숨겨 두었건만, 순이는 무려 일주일 가까이 내 근처에 오지 않았다. 그 후에도 실수로 몇 번 순이 앞에서 검은색 군화를 내보였다가 순이를 잔뜩 겁에 질리게 한 적이 있다.

나와 순이의 만남을 좀 특별하게 생각했는지 한번은 애견 잡지에서 기사로 담아가기도 했다. 하지만 순이와 내 사연은 그리 특별할 것도 없다. 세상엔 개와 인간 사이에 벌어지는 남다른 이야기가 쉴 새 없이 넘쳐나고 있으니까.

2013년 3월 폴란드에서 일어났던 일도 그중 하나다. 폴란드의 3월은 한국의 겨울과 같다. 밤이면 영하 5℃까지 떨어지는 추운 날씨, 자기 집 앞마당에서 놀고 있던 세 살 난 여자아이 줄리아가 갑자기 행방불명이 되고 말았다. 경찰과 소방대원과 마을 주민까지 합세해 200여 명에 달하는 사람들이 서둘러 줄리아를 찾아 나섰지만, 꽁꽁 얼어붙은 밤은 끝내 아이를 돌려주지 않았다. 매서운 추위에 아이의 생명이 위태로울 수도 있었기에 다들 애가 탔다. 날이 밝아서야 소방대원은 차가운 숲 속에서 자신의 개를 꼭 부둥켜안고 있는 아이를 발견했다.

오, 놀라운 일! 줄리아는 숲을 헤매다가 물속에 빠져 옷까지 젖은 상태였지만 무사했다. 반려견의 따뜻한 체온이 아이를 지켜주었기 때문이다. 줄리아의 곁을 한시도 떠나지 않고 온몸으로 체온을 지켜준 멍멍이, 그는 덤덤하게 주인의 생명을 구했다.

이 뉴스를 읽고 있으려니 나도 모르게 씨익 얼굴에 미소가 돈다. 그러고는 "순이야" 하고 불러본다. 내 옆에 멍하니 누워 있다가 엉거주춤 일어나 터벅터벅 걸어오는 늙은 개. 순이도 위급한 상황이 일어나면 날 도와줄 수 있으려나?

별 기대는 하지 않는다. 언젠가 실수로 발이 걸려 넘어져 무진장 아파하고 있는데도 순이는 멀뚱멀뚱 나를 바라볼 뿐 평상시와 다름없었다. 뭐 그래도 괜찮다. 내가 나타날 때마다 오랜만에 보는 것처럼 마냥 기쁘게 반겨주니까.


순이와 나누는 감정은 사람 사이에선 느낄 수 없는 아주 특별한 것이다. 뭐라 말로 표현할 수는 없지만, 마음을 풍요롭게 한다. 옆에 있기만 해도 밀려오는 편안함과 든든함 같은 것. 또 모를 일이다. 보기와는 다르게 위급한 상황에선 날 도와줄지도.

아무리 평범한 개라도 인간에 비하면 초능력에 가까운 청각과 후각을 지 녔다고 하니 보기보단 특별한 존재임이 분명하다. 하긴 순이도 어떻게 알았는지 내가 들어오기 10분 전부터 대문 앞에 서서 기다리고 있을 때 가 여러 번 있었다. 그럴 때마다 부모님은 참 신기하다며 기특해하셨다. 개의 청각은 사람보다 최소 5배, 후각은 1000배나 발달했다. 인명 구조견 은 훨씬 더 뛰어나서 수색대가 며칠 동안 찾지 못한 사람을 금방 찾아내기 도 한다. 2012년 가을, 인명 구조견 태백이는 경기도 야산에서 실종되어 4일 동안이나 찾지 못한 할아버지를 단 20분 만에 찾아냈다. 2012년 한 해만 해도 인명 구조견 19마리가 위험에 빠진 27명의 사람을 구해냈다.

그렇다면 사람을 구조하는 고양이나 너구리는 없는 걸까? 그 외 다른 동 물들은? 사람을 구한 동물들의 이야기는 적지 않으니 가능할 것도 같다. 하지만 다른 동물들은 전문적으로 사람을 구하는 일에는 부적합하다. 개 처럼 인간을 동반자로 의식하지는 못하기 때문이다.

개들은 태어나면서부터 인간에게 정서적으로 의지한다. 동물 중에 유일 하다. 이 사실은 과학 논문으로도 여러 번 발표되었다. 개와 늑대를 비교 한 연구 결과에 따르면, 새끼 때부터 인간의 보살핌으로 자라난 늑대일 지라도 사람에 대한 반응은 개에 비해 매우 둔하다고 한다. 그런 걸 보면 아마 개의 선조들은 오랫동안 인류의 동반자로 살아오면서 후손들에게 특수한 유전자를 대물림한 것이 분명하다.

# 개는 야생동물과는 다르다

야생동물들도 사람과 친해질 수는 있다. 하지만 그 한계가 명확하다. 태어나자마자 사람들의 품에서 보살핌을 받았던 새끼 호랑이 크레인마저도 길들이기 위해 목에 걸어둔 목줄을 견디기 힘들어했다.

그래서인지 나는 순이의 타고난 습성이 더욱 의아하게 느껴졌다. 훈련을 시킨 것도 아닌데 목줄을 가지고 다가서면 알아서 목을 늘어뜨리니 말이다. 평소에 순이를 관찰해보면 목줄을 썩 좋아하지 않는 게 분명한데도 이렇게 순종적이라니, 좀 안쓰럽기도 하고 한편으론 고맙기도 하다.

개와 인간이 어울리게 된 과정은 농장동물이 사람에게 길든 과정과도 성격이 많이 달랐다고 한다. 가축과 인간의 관계는 경제적이고 일방적인 측면이 많았지만, 개와 인간의 관계는 협력적이고 정서적인 유대감을 쌓아 왔다는 말이다.

개들은 오랜 세월을 거치면서 인간 사회의 구성원으로서 적합한 성격을 지니게 됐다. 그리하여 야생에서의 삶은 까마득히 멀어졌다. 더욱이 인간의 취향에 따라 변종이 되어 나약한 몸으로 태어나는 개들이라면 야생에서 생존할 가능성은 거의 없다. 그들은 철저히 야생성을 잃어버린 상태라서 더욱 인간을 믿고 따를 수밖에 없는 상황이다.

개들은 스스로든 인간의 강압에 의해서든 유별난 동물이 되고 말았다. 동물이면서 동물이 아닌 인간의 습성을 닮으며 인간 사회에 끼어들었지만 때론 쉽게 버림받고 마는 서글픈 존재이기도 하다.

자기가 버림받은 줄도 모르고 온종일 주인을 기다리는 개들의 심정을 헤아리자면 한숨이 절로 나온다. 전 세계에 얼마나 많은 개가 매일매일 버림을 받고 있을까. 개들을 아끼기로 유명한 프랑스에서조차 유기견 수용 시설은 포화 상태라고 하니 말이다. 2014년에만 해도 프랑스에서는 여름 휴가 기간에만 수만 마리의 개와 고양이들이 수용 시설에 떠맡겨졌다는 우울한 소식이 전해졌다. 주인들이 마음껏 휴가를 즐기기 위해 자기 개를 버리고 떠난 것이다.


## 동물을 키우고 싶어 하는 사람들에게

그런가 하면 개를 가족으로 받아들이고자 하는 이들도 점점 늘어나고 있다. 경쟁 사회에서 개들이 주는 절대적인 애정과 믿음은 더욱 빛나기 때문은 아닐까. 그 풍요로운 감정은 함께 살아 보지 않으면 모른다. 2010년을 기점으로 고양이를 기르는 인구도 부쩍 증가했다. 고양이가 지닌 도도한 매력이 특별하기도 하지만, 개보다 실내에서 기르기가 훨씬 수월한 점도 한 이유일 것이다.

사람들은 동물과의 욕심 없는 관계 속에서 정서적인 위안과 즐거움을 얻고 싶어 한다. 그에 따라 '애완동물'의 이름으로 거래되는 동물들은 날이 갈수록 다양해지고 있다. 앵무새, 거북이, 토끼, 고슴도치, 햄스터는 이제 평범한 축에 속한다. 파충류인 이구아나와 긴털족제빗과인 페럿 등도 애완동물 시장에서 인기다.

이렇게 애완동물의 종류를 줄줄이 열거하다 보면 좀 헷갈리는 부분이 생긴다. 애완동물과 함께 사는 건 동물과 인간 사이의 상부상조인가? 아니면 인간의 일방적인 취미인 건가? 다른 사람보다 특별해지고 싶어 일부러 희귀한 애완동물을 구하려는 경우까지 생기면서, 애완동물의 의미는 여러모로 혼탁해지고 있다.


어떤 동물을 기르건 간에 동물 사육은 결코 취미가 아니다. 식물을 기르는 것과는 다르다. 동물動物의 '움직일 동動' 자의 뜻 그대로, 그들은 움직여야 산다. 다윈의 『종의 기원』에도 이런 말이 있다. '동물은 움직여야 살고 식물은 머물러야 산다'고. 그러니까 동물복지에서 적당한 운동량 확보는 기본 중의 기본인 셈이다. 이와 함께 사람은 동물에게 구체적인 '윤리적 책임'을 지녀야 한다. 동물은 인간과 비슷한 수준으로 고통과 스트레스를 느낄 뿐 아니라, 행동 능력을 지닌 존재이기 때문이다.

이렇듯 동물을 가족으로 맞이하기 전에 우리가 해야 할 일은 그들에게 합당한 복지를 보장할 수 있는지 그들에 대해 윤리적 책임을 다할 수 있는지, 동물의 입장부터 신중히 헤아려야 한다.

그동안 애완동물 문화는 마치 취미 문화의 하나처럼 여겨져 왔다. 당장 기분만 앞세워 충분한 준비 없이 동물을 받아들였다가 다른 사람에게 떠넘기거나 몰래 버리고, 심지어 집구석 잘 안 보이는 곳에 가둬 놓아도 공개적으로 비난받지 않았다. 동물보호법이 거듭 개정되면서 많이 달라졌다. 동물을 함부로 대했다간 인터넷에 사진과 글이 올라와 질책을 당하고, 법적으로 처벌을 받게 될지도 모른다.

## 장난감이 아니에요 동반자에요

동물과 함께 살다 보면 남의 눈치를 살필 때가 적지 않다. 나는 순이가 답답해할 까봐 집 마당에선 풀어놓는다. 거실은 신발을 신고 생활하도록 꾸며서 순이는 흙 마당과 거실을 자유롭게 오갈 수가 있다. 잠도 거실에서 잔다. 서양식으로 사는 것 같다고 신기해 하는 사람도 더러 있었다. 말은 하지 않아도 '참 유별나시네요' 하고 불편한 눈초리를 주는 사람도 있었다. 그렇지만 나는 내가 유별나다고 생각하지 않는다. 내가 가진 환경에서 적절한 동물복지를 실천하는 것 뿐이다.

어쩌면 이런 불편한 눈초리는 애완동물이라는 명칭에서 비롯된 것일지도 모른다. 애완동물이란 명칭은 '사치'라는 단어와 쉽게 어울리기 때문이다. 가끔 뉴스에 어떤 유명 외국 배우가 자신의 애완동물에게 호화로운 개집을 지어주었다느니 하는 그런 소식에서 볼 수 있듯이 말이다.

소박하기 그지없는 토종개 순이를 애완동물로 부른다면, 나의 책임감 있는 생활방식도 어딘가 사치스럽게 보일 수 있지 않을까? 음… 애완동물이란 명칭은 아무래도 복지라는 단어와는 영 어울리지 않는다. 그래, 확실하게 말해 둬야겠다. 순이는 애완동물이 아니라 '반려동물'이다.

이제는 방송이나 뉴스에서도 반려동물이란 명칭을 즐겨 사용하고 있다. 애완동물을 반려동물로 고쳐 부르자는 목소리는 세계적인 물결이다. 반려동물이라는 말은 1983년 오스트리아 빈에서 동물행동학자 콘라트 로렌츠Konrad Lorenz, 1903-1989의 여든 살 생일을 기념하기 위해 개최된 「인간과 동물의 관계에 관한 국제 학술회」에서 처음 나왔다.

'애완'은 영어로 '펫pet'이라 쓰는데, 그 속에 장난감이라는 의미가 들어 있어 바람직하지 않다고 한다. 한자로도 애완의 '완玩' 자는 장난감을 뜻하는 완구의 '완玩'과 똑같다. '반려'는 더불어 살아가는 동반자를 뜻한다. 평생을 같이하는 부부를 '반려자'라고 하듯이 삶의 동반자로서 의무와 책임을 다하는 동물에게도 반려라는 호칭을 붙이는 것이다.

우리나라에선 한동안 동물보호단체들에서만 사용하는 생소한 단어였다가 2008년에 이르러 정부도 공식적으로 장려하는 명칭이 되었다. 동물 정책을 담당하는 정부 기관은 이제 애완동물이란 명칭을 사용하지 않는다. 아직도 신문기사 등 몇몇 매체에서 여전히 애완동물이란 단어를 사용하고 있지만 그럴 때마다 '반려동물로 바꿔 주세요'라는 의식 있는 누리꾼들의 댓글이 따라붙는다.

반려동물 캠페인에 열정적으로 참여하는 연예인들도 늘어나고 있다. 그 선두에 선 가수 이효리는 2012년 자신의 반려견 순심이와 함께 반려동물 캠페인 영상을 제작해 좋은 반응을 얻었다. 이효리는 평강공주보호소에서 순심이를 입양했다. 2016년에는 가수 설현이 캠페인 화보 촬영으로 동물보호법 개정의 필요성을 팬들에게 전했다.

이들은 그저 애완동물을 예뻐하는 동물애호가가 아니라 반려동물을 존중하는 동물보호가들이다. 여전히 애완동물이란 용어만 널리 쓰이고 있었다면, 동물을 존중하는 연예인들도 괜스레 유별나다고 불편한 눈초리를 받았을지도 모를 일이다.


우리 조상들에게도 인생의 동반자와 다를 바 없었던 반려동물들이 있었다. 전해 오는 이야기에 따르면, 조선 시대 전라도 감사를 지냈던 정엄이라는 사람에게는 천릿길 심부름도 마다하지 않는 충직한 개가 있었다고 한다. 정엄은 한양에 보낼 문서나 상소문을 보자기에 싸서 개에게 들려 보내곤 했다.

그러던 어느 날 그의 개는 문서를 전달하러 가던 길에 9마리의 새끼를 낳고 길에 쓰러져 숨을 거두고 말았다. 정엄은 크게 슬퍼하며 사무치게 후회했다. 그는 개의 모양을 본뜬 작은 석상을 만들어 앞마당에 세워 두고 개의 넋을 위로하며 지냈다.

그는 효심이 뛰어난 사람이기도 했다. 조정에서는 그의 효행을 기리기 위해 '정엄의 효행비'를 만들어 줄 정도였다. 훗날 정엄의 후손들은 그가 만든 개의 석상을 효행비 곁으로 옮겨 주었다. 사람들은 이 석상을 '정엄의 개상'이라 부른다. 내 생각엔 '정엄의 반려견상'이라 불러도 좋을 성싶다. 왠지 고상하기도 하고 자신의 개를 존중하는 주인의 마음이 더 잘 드러나지 않는가? 반려란 말이 주는 느낌은 우리의 정서와도 잘 어울린다.

내!

멀리서 발소리만 들려와도 힘껏 달려

반기러 오는 견공들은 인생의 소중한 반려

조선시대 정엄이 세운 반려견의 석상은

여전히 그 자리에서 발걸음을 반겨

# 사람을 돕는 반려동물들

스무 살 선영 씨는 초인종 소리를 듣고 달려가 본 적이 없다. 태어날 때부터 귀가 들리지 않았다. 선영 씨가 종일 집에 있는 날에도 어머니는 현관 열쇠를 꼭 챙겨야 한다. 실수로 열쇠를 빠트렸다간 곤란에 빠진다. 아무리 문을 두드려도, 휴대전화 문자를 보내도 책에 빠진 딸은 묵묵부답이다. 한번은 열쇠 기술자를 불러 문을 열어야 했던 적도 있었다. 그랬던 선영 씨가 이제는 누가 초인종을 누르면 벌떡 일어나 현관문으로 재빨리 걸음을 옮긴다. 맞춰놓은 자명종이 울리면 낮잠에 빠진 동생을 깨우기도 한다. 그의 귀를 대신해 소리를 듣고 알려주는 '청이'를 반려동물로 삼은 덕분이다.

# 동물이 사람을 치료한다

청이는 청각장애인 도우미견이다. 생후 1년부터 훈련을 시작해 8개월이 넘도록 전문적인 훈련을 받았다. 초인종이나 주전자 끓는 소리 등이 들려오면 주인을 소리 나는 곳으로 안내한다. 누군가 주인을 부르거나 위험하다고 여겨지는 소리에도 즉각 반응한다.

청이가 훈련을 받은 '한국장애인도우미견협회'에서는 시각 장애인과 지체 장애인을 돕는 도우미견들이 같이 생활하며 훈련을 받는다. 시각 장애인 도우미견은 시각 장애인의 보행을 안전하게 안내하는 법을 배우고, 지체 장애인 도우미견은 몸을 움직이기 힘든 지체 장애인을 거들기 위한 여러 동작을 익힌다. 끈을 잡아당겨 문을 여닫거나 땅에 떨어진 물건을 가져다줄 수도 있다. 언덕에서 휠체어를 밀거나 끌어 주는 수고도 마다치 않는다.

환기 시설이나 습도와 온도 등 반려동물과 함께 살아갈 집안 환경이 적절하다면 아기도 반려동물의 도움을 받을 수 있다. 2012년 핀란드 쿼피오 대학 병원의 에이야 베르그로스 박사팀은 흥미로운 조사 결과를 내놓았다. 397명의 아기를 대상으로 반려동물이 아기들에게 어떤 영향을 미치는 가를 조사했더니, 집안에 반려동물이 있을 때 아기들의 귓병과 호흡기 질환이 확연히 줄어들었다는 결과가 나왔다. 개에게 묻은 먼지나 박테리아들이 아기의 면역력 향상에 도움이 된다는 것이다.

더 흥미로운 연구 결과도 있다. 집 밖에서 18시간 이상 머문 개와 함께 지냈을 때 아기의 면역력이 한층 더 강해졌다는 결과다. 이는 지나치게 깨끗한 실내 환경이 아기의 면역력을 떨어뜨린다는 기존 연구 결과와도 꼭 맞아 떨어진다.

2마리 이상의 반려동물과 함께 지내는 아기들은 알레르기 질환 비율이 현저하게 낮다는 미국 조지아 대학의 연구 결과도 있다. 반려동물의 피부와 침에는 내독소를 지닌 균이 있는데, 이 내독소가 알레르기의 원인이 되는 임파구를 감소시키고 알레르기를 억제하는 임파구를 증가시켜 준다는 것이다. 이 연구팀은 미국 국립보건연구원과 환경청의 지원을 받아 10년 동안 연구한 결과를 2002년 「미국의사회지」에 발표했다.

특정 질병이 아니라면 반려동물을 키우는 사람들이 그렇지 않은 이들보다 15~20% 정도 병원을 적게 다닌다는 통계 또한 흥미롭다. 반려동물은 주인의 정신적인 스트레스와 우울, 불안 증세를 감소시킨다고 한다. 이렇듯 반려동물과 함께하는 삶 자체가 엄연한 치료의 과정이 될 수도 있다. 환자의 병을 호전시키는 방법으로 반려견의 도움을 받기도 한다. 한 예로 고혈압 환자에게 강아지를 돌보게 했더니 눈에 띄게 혈압이 낮아지는 결과를 얻었다. 미국 버팔로 대학의 카렌 알렌 교수팀은 반려동물과 어울리는 방법이 혈압 강하제를 이용하는 것보다 훨씬 효과적이라고 밝혔다. 이렇게 동물의 능력을 이용해서 인간을 치료하는 방법을 **동물매개치료**라고 한다. 우리나라에서는 2008년 한국동물매개심리치료학회와 원광

대학교의 동물매개심리치료 대학원 과정이 생겨난 이후 '동물매개치료 사'가 되기 위해 공부하는 사람들이 빠르게 증가했다. 2015년에는 동물 매개치료를 실시한다고 밝힌 개인 및 단체가 20여 곳에 달해, 전문성은 물론이고 동물복지가 잘 지켜지고 있는지 판별하는 데 주의가 필요할 정 도가 되었다.

우리나라에서 동물매개치료를 도입한 병원은 주로 어린이 병원이다. 장애 아동의 재활 치료를 돕기 위해 시행되고 있는데, 장애 때문에 우울하고 소 극적이었던 아이가 반려견과 어울리면서 활동적으로 변한 사례도 있다.

## 인터넷 중독 치료에도 활약하는 동물

동물매개치료는 인터넷 중독에 빠진 아이들에게도 도움을 줄 수 있다. 나는 청소년을 대상으로 하는 '랩으로 인문학 하기' 수업을 하면서 인터 넷 게임에 빠진 학생들을 종종 만났다. 내 경험으로 비추어 보면 게임에 심하게 몰두하는 청소년들은 십중팔구 깊은 외로움에 빠져있었다.

여기 의미 있는 사례 하나를 소개한다. 2012년 여름, 인터넷 중독에 빠진 한 여중생이 반려견과의 만남으로 3개월 만에 인터넷 중독에서 벗어난 이야기다. 평소 외로움을 잘 타던 그 학생은 밤새도록 인터넷 만화를 반 복해서 읽고 게임에 매달렸다고 한다. 인터넷 중독 검사에서 '고위험군' 판정을 받을 정도로 심각한 상황이었다.

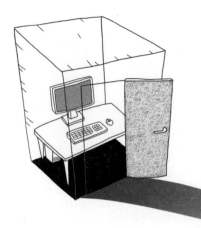

아이 걱정으로 애태우던 어머니는 우연히 동물매개치료 사업에 대한 소식을 접하게 되었다. 희망자에게 개와 고양이, 고슴도치 등의 반려동물을 무료로 입양시키고 사육비를 지원한다는 내용이었다. 바로 그즈음이 인터넷중독대응센터에서 동물매개치료 사업을 시작하려던 시점이었다.

학생의 어머니는 처음에 반신반의했다고 한다. 오히려 아이가 동물에게 무관심하면 어쩌지 하는 걱정도 앞섰다. 하지만 친구와의 교류도 없고 인터넷이 없으면 안절부절못하는 딸의 상태가 심각해 보여 지푸라기라도 잡는 심정으로 동물을 받아들이기로 했다.

놀랍게도, 강아지를 데려오던 바로 그 날부터 그 학생은 자연스럽게 변하기 시작했다. 학교에서 집으로 돌아오면 컴퓨터 앞에 앉는 게 아니라 강아지와 마주했다. 강아지에게 하늘이라는 이름을 직접 지어주고 "잘 있었어? 배고팠어?" 하며 친근하게 말을 걸었다.

그동안 소원하던 어머니와도 하늘이 이야기로 대화를 이어가게 되었다. 하늘이랑 놀아 줘야 해서 인터넷할 시간이 없다며 투덜거렸던 아이는 2012년 가을 인터넷 중독 검사에서 '정상' 판정을 받게 되었다.

인터넷 중독에서 벗어나고 싶은 청소년이라면 해당 지역 인터넷중독대응센터에서 반려동물 입양을 문의해 보기를 권한다. 예상보다 빨리 치료가 되지 않는다 할지라도 실망하지 말자. 동물과 마음으로 대화를 나누다 보면, 가라앉아 있던 따뜻한 감수성이 되살아나 차츰 나아질 것이다.

반려동물을 처음 맞이하는데 드는 비용이 부담스럽다면 크게 걱정하지 않아도 된다. 학대하거나 버리지 않는다고 굳게 약속하고, 반려동물과의

생활 일지를 성실히 작성해 제출할 수만 있다면, 센터에서 비용을 일부 지원해 준다. 센터의 상담사는 동물매개치료의 효과가 아주 긍정적이라고 전했다.

"인터넷에 중독된 청소년들은 사람을 대하는 것을 많이 어려워하거든요. 개를 쓰다듬고 같이 산책을 하다보면 위축된 마음이 풀리고 성격도 적극적으로 변화됩니다. 반려동물과 차근차근 교감을 쌓다보면 자연스럽게 불안감이 줄어들고 사람과의 만남도 수월해지기 마련이에요."

## 치료견 '치로리'의 아름다운 기적

반려동물을 매개로 한 치료에서 가장 중요한 동물은 단연 견공들이다. 아픈 사람을 치료하도록 임무를 부여받았기에 전문적인 훈련과정을 거친 후 '치료견'이라는 멋진 명칭을 얻게 된다.

1992년 추적추적 비 내리던 어느 여름날, 강아지 5마리와 함께 쓰레기장에 버려졌던 '치로리'. 이 개는 치료견이 되기 위한 과정을 완수하고 훌륭한 치료견으로 변신했다. 혼혈견 치로리는 한쪽 귀가 힘없이 꺾여 있는 안쓰러운 외모였지만 새로운 기회를 얻었다. 당시 일본에서 치료견 양성 활동을 하던 오키 토오루 씨에게 입양된 덕분이었다.

대개 사람을 전문적으로 돕는 개들은 순수한 혈통이 우선으로 뽑힌다. 순수 혈통 개가 지닌 능력이 더 뛰어나다고 여기기 때문이다. 하지만 오키 토오루 씨의 생각은 달랐다. 어떤 개든지 치료견으로 거듭날 가능성이 있다고 생각해서 치로리를 훈련에 참여시켜 보았다.

치로리의 훈련 적응력은 기대를 훌쩍 뛰어넘었다. 반신반의했던 훈련사들은 깜짝 놀랐다. 휠체어 속도에 맞춰 걷는 법과 침대에서 잠잘 때의 요령 등, 40여 개에 이르는 훈련 행동 수칙을 익히려면 순종견들은 보통 1년이 걸린다. 놀랍게도 치로리는 5개월 만에 끝마쳤다. 이로써 치로리는 일본 최초의 혼혈 치료견이 되어 그의 도움이 필요한 많은 환자를 만났다.

아흔의 나이에 치로리를 만난 하세가와 씨도 치로리의 도움을 받은 사람 중 하나다. 알츠하이머병을 얻어 말도 하지 못하고 딸마저 알아볼 수 없게 된 상태였던 그에게 신기한 일이 일어났다. 치로리와 눈을 맞추면서부터 병이 점점 나아지기 시작한 것이다. 마침내 그는 가족들 모두를 알아볼 수 있게 되었다고 한다. 걷지 못해 침대에만 누워 있다가 기적처럼 걷기 시작한 것도 치로리 덕분이었다. 4년 동안 치로리와 동고동락했던 하세가와 씨는 편안히 숨을 거두며 이런 말을 남겼다.

"치로리, 고마워."

하얀 천이 그의 얼굴을 덮는 순간까지 치로리는 그의 곁을 지켰다. 치로리는 13년 동안 치료견으로 일했다. 그동안 치로리는 은둔 생활을 하던 한 소년을 세상으로 내보냈고, 전신마비로 누워있는 할머니의 손을 움직이게 하는 등 놀라운 치료견의 역사를 이어갔다. 2006년 치로리가 열다섯 살에 숨을 거두었을 때 그를 추모하는 행사장에는 300여 명의 사람들이 함께했다. 치로리의 도움을 받았던 환자들과 그 가족들이었다.

# 개 이외의 치료 동물들

비교적 사람과 친숙한 승마용 말도 동물매개치료에서 활약하고 있다. 몸이 불편한 장애인은 타박타박 걷는 말 위에 앉아 있는 것만으로도 신체적 정신적인 기쁨을 얻을 수 있다고 한다. 움직이는 말 위에서 흔들거리며 균형 감각을 잡으려 하다 보면 저절로 비뚤어진 자세가 바로 잡히고 집중력이 생기기 때문이다. 여기에 자신감 회복은 덤으로 주어진다.

그러나 재활 승마용 말은 하루에 여러 사람을 태울 수 없다는 단점이 있다. 아주 적은 시간 동안만 일해야 한다. 승마에 서투른 누군가를 등에 태우고 답답한 마장을 뱅뱅 맴돌아야 하는 일이 말에게는 곤욕이기 때문이다. 말은 무덤덤해 보이는 표정과는 달리 잘 놀라고 쉽게 겁을 내는 예민한 동물이다.

말이 받아야 하는 스트레스를 고려한다면, 일주일에 단 하루 3~5회 정도 강습을 하는 것에 그쳐야 한다. 주 5일 근무제도 아니고 주 1일 근무제다. 2시간씩만 일한다면 매일 강습하는 것도 가능하다. 대신 강습을 마치면 하루 4시간 이상 방목장에서 자유롭게 뛰어놀아야 한다는 기준이 있다. 이렇듯 사람에 대한 애정을 타고난 개 이외 다른 매개치료 동물들의 복지 기준은 까다로울 수밖에 없다.

우리나라 재활 승마장들의 상황은 어떨까? 기업에서 사회 공헌 활동으로 운영하고 있는 재활 승마장들은 비교적 안심할 수준이라고 한다. 말의 성향을 꼼꼼하게 헤아려 근로 조건을 잘 지켜주고 있으니.

하지만 사설 승마장에서 재활 승마를 겸하고 있는 말들의 복지는 장담할 수 없다. 말에게 하루에 2시간만 일을 시켜서는 승마장의 수입이 보장되기 힘들 테고, 말이 짜증 내지 않도록 전문적으로 다룰 수 있는 인력도 부족한 탓이다. 만약 스트레스를 받은 말이 이상한 걸음걸이와 몸짓으로 걷게 된다면 재활 환자 또한 치료 효과를 기대할 수 없다고 한다.

말뿐만 아니라 치료 동물로 이용되는 많은 동물들에게도 엄격한 복지 기준이 필요하다. 고양이, 돌고래, 앵무새, 고슴도치 등 각 동물마다 기준이 달라야 한다. 동물의 타고난 특성을 이해하지 못하고 일방적인 애정을 표하는 것조차 동물에겐 참을 수 없는 스트레스일 수 있다. 고양이를 개처럼 다룬다면 말이다.


## 반려동물에게 노후를 보장하라

편안한 노후 생활. 전문적으로 사람을 돕는 동물이 누려야 할 필수적인 복지 조건 중 하나다. 2013년 3월 안타까운 소식이 뉴스에 전해졌다. 우리나라 공군 부대가 퇴역한 군견들을 안락사시키거나 대학 수의과에 실습용으로 제공하고 있다는 것이다. 공군 측에선 특수 훈련(야간 순찰·폭발물 탐지 등)을 받은 군견은 다시 평범해질 수 없으므로 불가피한 선택이라고 설명했지만 쓸쓸함을 지울 수 없었다.

인터넷에선 군견을 동물실험으로 제공한 책임자를 처벌하라는 서명이 이어졌다. 그러자 공군 측에선 서둘러 은퇴한 군견들의 자연사를 보장하기 위해 구체적인 노력을 기울이겠다는 성명을 발표했다. 사람을 위해 애써 준 반려동물의 편안한 노후 생활은 반드시 보장되어야 한다. 노후를 보장받는 것은 모든 반려동물이 누려야 할 기본적인 복지다. 하물며 사람을 위해 고된 훈련을 감내하고 생을 바쳐 노력한 동물들은 어떠하랴. 국방부는 퇴역한 군견을 원하는 이들에게 무상으로 양도하는 구체적인 방안을 마련해 2015년 4월, 처음으로 민간인에게 군견을 입양시켰다.

군견들은 강도 높은 훈련을 받고 목숨이 위태로운 실전에 뛰어들기도 한다. 1990년 3월, 육군 21사단 소속의 군견 '헌트'는 군인들을 대신해 암흑의 땅굴 속을 탐색하던 중 지뢰를 밟고 전사했다. 그가 없었다면 땅굴 수색을 책임진 수색 부대 요원들은 전멸했을지도 모른다. 국방부는 헌트의 희생을 기려 소위 계급을 수여하고 동상을 세워 주었다.

무사히 퇴역한 군견들은 나라를 위해 막중한 임무를 떠맡았던 군인과 마찬가지다. 그래서 군견은 장애인 보조견(도우미견), 경찰견, 인명 구조견, 탐지견 등과 함께 동물실험에 사용할 수 없도록 동물보호법에 규정되어 있다. 사람과 국가를 위해 헌신한 동물인 만큼 동물실험으로 죽음을 맞이하는 비극만은 피하게 해주려는 것이다.

다행히 도우미견들은 노후가 확실히 보장된 편이다. 보통 도우미견들은 열 살을 넘기 전에 은퇴한다. 열 살이 가까워지면 실력 발휘도 예전 같지 않을뿐더러 장애를 가진 주인에게 오히려 짐이 될 수도 있기 때문이다.

은퇴를 맞이한 도우미견들은 협회 시설로 돌아와 살거나 다른 봉사자의 집으로 입양되기도 한다.

청이를 가족으로 맞은 후로 선영 씨는 난생처음 학교 친구들을 집으로 초대했다. 그동안 의사소통에 큰 불편을 겪다 보니 집에 누군가를 초대할 엄두가 나지 않았는데 청이의 도움으로 굳게 닫혀 있던 마음의 문이 조금씩 열리고 있다.

"청이가 집에 오기 전에는 제가 좀 아무 느낌 없고 무감각한 사람이었어요. 남을 위하지도 않았고 아무 느낌 없는 기계와 같은 사람이었어요. 하지만 얘가 와서… 마음이 닫혔었는데 지금은 잘 모르겠지만 열리고 있어요, 이따금."

선영 씨를 소리의 세계로 안내해 준 청이도 은퇴 후에는 노후를 편안히 보낼 것이다.

🎤 야!

동물의 능력으로 위험에서 벗어난

동물의 돌봄으로 고통에서 벗어난 사람들

그들은 느낄 수 있었지 차별 없는 사랑을

믿을 수 있었지 끝까지 널

지키겠다는 그 마음을

# 사지 말고
# 입양하세요

저녁 시간에 습관처럼 인터넷 뉴스를 훑어보다가 슬슬 짜증이 밀려왔다. 조회 수를 올리기 위해 충격을 남발하는 기사 제목들이 왜 이리 많은 건지. 그중에서 영양가 있는 소식을 찾을라치면 눈이 시릴 지경이다. 쓸데없이 시간을 낭비할 것 같아 대충 보고 전자우편으로 넘어가려는데 어랏, 섬광처럼 눈에 꽂히는 사진이 있었다. 운전대를 붙잡고 있는 견공이다. 설마 개가 운전을 할 리가… 일단 사진을 클릭했다. 예상은 빗나갔다. 사진 속의 개는 진짜로 자동차를 운전하고 있었다. 스스로 시동까지 걸고! 자동차는 개가 앞발만으로 운전할 수 있도록 개조된 특수차량이었다. 개의 운전을 지도한 곳은 뉴질랜드의 '동물학대방지협회'였고, 운전대를 잡은 개는 주인에게 버림받은 몬티라는 이름을 가진 유기견이었다. 이 협회는 '유기동물 입양 캠페인'에서 몬티가 순종이 아닌 혼혈견임을 강조했는데, 버림받은 혼혈견도 뛰어난 지능을 가지고 있다는 걸 알리기 위해서였다.

# 버려지는 개, 판매되는 개

우리나라에서도 유기동물 입양 캠페인은 익숙한 광경이 되었다. 예전엔 애완동물을 주고받는 행위를 '분양'이라고 했는데, 애완 대신 '반려'라는 용어를 쓰게 되면서 분양이란 표현도 자연스럽게 입양으로 바뀌었다. 동물을 데려가 책임지는 행동을 물건 다루듯 분양이라 일컬을 수 없는 노릇이니까.

몇몇 유명 연예인들이 동물보호 활동에 적극적으로 뛰어들면서 반려와 입양이라는 단어는 짧은 시간에 큰 호응을 얻었다. 한 유명배우는 국내의 한 동물보호단체와 함께 유기동물 돕기 바자회를 개최한 적도 있다. 팬들의 관심은 뜨거웠다. 이제는 사람 살기도 힘든데 동물을 돕는다는 잔소리를 듣지 않는 시대가 온 것이다.

유기동물 입양 캠페인이 활발하다는 건 어찌 보면 한국의 유기동물 실태가 심각한 사태에 이르렀다는 방증이기도 하다. 2010년에 공식으로 집계된 유기동물 수는 10만 899마리, 2014년 집계는 8만 1147마리다. 고양이보다는 개가 훨씬 많다. 실로 어마어마하지 않은가? 2003년, 2만 5000여 마리를 기록한 이후 폭발적으로 증가했다. 아마 실제로 유기된 동물은 공식 집계를 훨씬 웃돌 것이다.

2014년, 전국 368개 유기동물보호센터는 이미 수용 한계에 이르렀다. 이곳에선 한 달 동안의 유예기간도 너무 긴 형편이다. 밀려드는 동물을 감당하려면 10~20일 만에 안락사시키는 것이 일반적이다.

10일! 실수로 잃어버린 주인이 보호소까지 찾아오기에도, 운명처럼 새 주인을 만나기에도 너무나 짧은 기간이다. 보호소의 개들은 불안한 감정에 휩싸여 좁은 공간에 웅크리고 있다가 우울한 생을 마친다. 개인 후원금으로 근근이 운영되고 있는 시민단체의 보호소에선 새 주인을 만날 수 있을 때까지 수년 넘게 기다리기도 하지만, 이곳 역시 밀려드는 유기견들을 감당할 재간이 없다. 개 주인들이 개를 돌보기 힘들단 이유로 몰래 버리다 보니 요 모양 요 꼴이다.

그런데 이상한 점이 있다. 이 정도로 개를 기르는 게 어렵다면 '어지간해서는 개를 기르지 말라'는 의견이 곳곳에 떠돌 법하다. 한데 갓 태어난 강아지를 집에 들이려는 이들은 왜 줄어들지 않는 걸까? 오히려 증가하고 있으니 도대체 이유가 뭘까?

그 이유 중 하나는 수시로 도심에서 마주치는 애견 가게들에 있다. 길에서 잘 볼 수 있도록 유리 진열장에 앙증맞은 강아지들을 전시해 놓은 곳. 그곳을 지나는 사람들은 진열장 앞에 잠시 멈춰 서서 구경하곤 한다. 미소 띤 사람들의 얼굴은 천사같이 착해 보이지만, 나는 그 모습을 바라보는 게 영 편치 않다. 나도 모르게 얼굴 근육이 굳어지고 가슴이 답답해진다. 애견 가게에서 일어날 수 있는 불편한 일들 때문이다.


동물보호법에는 생후 2개월 미만의 개나 고양이를 전시할 수 없게 돼 있다. 그랬다간 영업 정지를 당하게 된다. 적어도 2개월 동안은 어미 곁에 머물러야 면역력도 높아지고, 전시되는 스트레스를 감당할 수 있기 때문이다. 2012년 11월에는 대형 할인점의 애견 가게가 처벌을 받은 적이 있다. 동물보호단체 측의 꼼꼼한 조사 덕분이었다. 하지만 누군가 일일이 조사해서 위반 사실을 알아내기 전에는 새끼가 2개월 미만인지 아닌지 구분하기 쉽지 않다.

혹 애견 가게에서 생후 2개월을 준수했다 하더라도 강아지가 질병에 걸린다면, 가게 측은 난감하기 이를 데 없다. 질병이 있는 채 팔았다가는 반품이 될뿐더러 고객들에게 안 좋은 소문이 퍼질 위험까지 생길 테니까.

강아지가 건강하다고 문제가 사라진 건 아니다. 만약 생후 3개월이 넘도록 팔리지 않는다면 어떨까? 판매자 입장에선 조바심이 나기 시작한다. 몸이 자라나 앙증맞은 강아지의 모습이 사라질수록 판매 가능성은 점점 희박해지고 할인 판매를 고려해야 하기 때문이다. 결국, 판매될 희망이 사라졌을 때 강아지는 어떤 궁지에 몰리게 될지 알 수 없다.

## 불황을 모르는 애완동물 산업

언제부터인가 대형 할인점도 애완동물 시장에 끼어들었다. 마트 안에는 애견 가게가 들어섰고, 곱슬머리 같은 큰 귀와 뭉툭한 입가가 매력적인 스파니엘종 강아지 앞에는 '6개월 무이자 할부' 표시가 붙기도 했다.

사실 스파니엘종은 방에서 키우는 개로 적합하지 않다. 천성이 사냥개라서 천방지축으로 날뛰고 활동적인 성격으로 유명하다. 넓은 마당이 있는 집이 아니라면 키우지 않는 게 상책이건만 가게에서 그런 설명을 해줄리가 없다. 어쨌거나 잘 팔리진 않을 것 같다는 생각이 들었다. 우선 만만치 않은 가격 때문이다. 6개월 무이자라지만 매달 8만 원이 넘는 금액이니 모두 합치면 50만 원에 달한다. 돈 천 원을 아끼려고 이리저리 쇼핑 카트를 몰고 다니는 마트 안에서 과연 장사가 될까? 50만 원뿐만 아니라 개를 집안에 들이려면 집이니 장난감이니 사야 할 것도 많고, 달마다 10만원 안팎의 추가 비용까지 생각해야 할 텐데… 집안 형편이 꽤 넉넉한 사람이 아니고서야 쉽게 신용카드를 꺼내 들지 못할 것 같았다.

하지만 그건 나의 착각이었다. 어떤 사람들은 경제적인 부담을 무릅쓰고라도 동물을 가족으로 맞아들이고 싶어 한다. 90년대 후반 우리나라에 IMF 사태가 불어 닥쳤을 때도 그랬다. 경제의 소용돌이에 휩쓸려 재산과 동료를 잃고 우울함에 빠진 이들이 속출하던 시기에, 오히려 개를 키우는 가정은 늘었다.

왜일까? 경제적인 문제로 가족들과 뿔뿔이 헤어져 외로움을 느끼고 우울해진 사람들이 늘어났기 때문이다. 그들은 경제적 부담을 감내하면서까지 개를 새 식구로 받아들였다. 반면에 유기견도 급증했다. 경제 위기의 벼랑 끝에 몰려 개를 포기한 사례도 있겠지만, 별다른 준비 없이 개를 받아들였다가 도중에 포기한 이들 또한 많았을 것이다.

다행히 우리나라는 IMF 사태를 무사히 이겨냈지만, 준비 없이 맞이한 반려동물을 유기동물로 전락시키는 습관은 지금까지 지속되었다. 특히 여

름 휴가철 유기동물 발생 수가 두드러진다. 그 이유는 쉽게 짐작해 볼 수 있다. 휴가를 즐기러 떠나야 하는데 데려가기는 힘들고 돈을 주고 맡기기도 싫다는 것! 그러고 보니 프랑스에서 발생하는 유기견 문제와 똑 닮았다. 따라 할 게 따로 있지, 바캉스 때문에 애물단지로 전락하는 견공들 신세라니.

새로 사고 버리는 악순환 속에서 애완동물 산업은 엄청나게 성장해 왔다. 2013년 이후 동물을 기르는 사람은 1천만 명을 넘어섰고 '애완 산업은 불황을 모른다'는 경제 기사가 수시로 등장하는 판국이다. 이런 기사에서는 좀처럼 '반려'라는 말을 쓰지 않는다. 애완은 상품에 어울리는 호칭이지만 반려는 경제적인 용어가 아니기 때문이다.


## 유기동물을 줄이고 입양을 늘리는 방법


내가 중학생 때였나, 그 무렵엔 마른 몸집의 치와와종 개가 인기였다. 그러더니 몇 년 지나서는 갈색 털이 깨끗한 요크셔테리어종을 기르는 사람들이 많아졌고, 또 몇 년 후에는 귀가 펄럭이는 스파니엘종이 텔레비전에 자주 나왔다. 요샌 덩치가 큰 시베리안 허스키를 기르는 사람도 자주 보인다. 최소 10년 이상의 수명을 지닌 개들이 몇 년을 주기로 유행을 타고 있으니 참 이상한 일이다.

동물전문가인 신남식 교수의 인터뷰 기사를 읽고 나서야 그 이유를 알게 됐다. 그는 아파트가 밀집한 우리나라 특성상 문화 전반에 걸쳐 유행이 급속하게 퍼지는 데 애견 열풍 역시 예외가 아니라고 진단했다. 오오, 급속한 유행에 휩쓸려 사라지는 반려동물들이여!

산업 사회에서는 상품이 소비 숫자를 웃돌아 생산되기 마련이다. 애완산업의 강아지조차 마찬가지다. 유행을 따라 강아지는 과잉 생산된다. 강아지들은 어둠 속에서 쉴 새 없이 태어나고 있다. '강아지 공장'이라 불리는 장소가 그 어둠이다. 어미 개를 가둬놓고 쉴 새 없이 새끼를 낳게 하는 곳. 어미 개는 공장식 축산에서 자라는 농장동물들과 마찬가지로 평생 고통을 받으며 비좁은 우리 안에 갇혀 산다.

도대체 강아지 공장은 몇 개나 될까? 곳곳에 숨어 있어 동물 문제를 조사하는 전문가들도 다 파악하기 어렵다고 한다. 2016년, 국내 애견 번식장은 3000개 이상으로 추정하는데 농림부에 접수된 곳은 불과 93개뿐이다. 동물보호단체 '케어'에서는 강아지 공장의 존재를 알고 있는 이들에게 제보를 부탁한다는 글을 홈페이지에 올려놓기도 했다.

강아지 공장은 심지어 빌딩 오피스텔 안에도 있다고 한다. 100여 마리의 개들을 작은 철창에 층층이 몰아넣고, 소리가 새어 나가지 않게 방음시설을 해두었다니, 상상만 해도 끔찍하지 않나? 여기서 태어난 새끼들은 펫숍이라 불리는 애견 가게나 경매장 등으로 팔려나간다. 제값에 팔리지 못한 개들은 시골 장터 등에 헐값으로 넘겨지거나 외국으로 수출되는 경우도 있다고 한다.

문제는 강아지 공장에서 태어나는 개체 수가 늘어날수록 유기동물도 따라 증가한다는 사실이다. 독일에서는 반려견의 번식을 엄격하게 관리하고 있다. 보통의 애견 가게나 애견 미용실 같은 곳에선 동물을 판매하지 않으므로 사람들은 대부분 동물보호소를 통해 입양하게 된다. 베를린에는 유럽 최대 규모의 동물보호소가 있는데, 다시 주인을 맞이하는 비율이 98%에 이른다고 하니 정말 부럽다. 그곳에서 유기동물의 안락사는 심각한 질병을 앓고 있거나 사람을 공격하는 행동이 끝내 교정되지 않는 경우에만 신중하게 행해진다고 한다.

우리나라의 유기동물 입양률은 어떨까? 수치로는 조금씩 호전되고 있다. 정부 발표에 따르면 2014년 한 해 동안 발생한 8만여 마리의 유기동물 중 44% 정도가 입양되거나 원래 주인을 찾았다. 입양되었다가 쉽게 파양되는 경우도 종종 발생하기 때문에 통계만으로 모든 걸 평가할 수는 없지만, 유기동물 문제를 해결하기 위한 캠페인과 국가정책이 성과를 보이는 것만은 분명하다.

**반려동물등록제**가 대한민국의 새로운 국가정책으로 태어난 건 2013년 1월 1일이다. 생후 3개월 이상의 개를 키우는

> **반려동물 등록제**
> 2008년 10월 경기도 성남시가 처음으로 시범 도입한 제도. 2013년 1월부터 새로운 국가 정책으로 거듭났다. 반려견을 정부에 등록하고 반려견에게 등록번호가 새겨진 인식표나 무선식별장치를 부착하는 제도다. 인구 10만 명 이상의 도시에서 살고 있는 모든 반려견들은 법적 등록 대상이다. 등록은 정부에서 지정한 동물병원을 찾아가 문의하면 된다.
> 2020년에는 등록기준 월령이 생후 3개월에서 2개월로 바뀌었고, 목걸이형 인식표는 등록 방식에서 제외되었다. 내·외장 무선식별장치만 인정된다. 물론 반려견과 외출을 할 때는 인식표를 꼭 착용해야 한다.

사람이라면 반려견을 등록시키고 인식표를 붙여 주어야 한다. 주인에게 법적인 책임감이 주어지는 만큼 유기견이 줄어들 수 있는 좋은 제도다. 실수로 개를 잃어버린 사람도 신속하게 찾을 수 있게 될 것이다.

서울시에서는 유기동물의 복지를 개선하기 위해 적극적인 정책들을 추진하고 있다. 2012년 9월에 "서울 시장은 동물학대를 방지하고 동물복지정책을 강화할 의무가 있다"라는 내용이 포함된 「서울시 동물보호 조례」를 내놓았다. 또 그해 10월에는 서울대공원에 '반려동물입양센터'를 활짝 열었다. 센터가 열리자마자 관람객들의 호응이 잇따랐다. 2015년에는 동물보호단체와 함께 야외에서 토요일마다 입양 센터를 운영하기도 했다. 입양 후 다시 파양되는 불상사를 줄이기 위해 입양 절차는 매우 꼼꼼하다. 일단 입양을 문의한 이들은 반려동물에 대한 기초 지식을 확인받은 다음 간단한 교육을 받게 되는데, 주로 동물을 키우면서 맞닥뜨릴 수 있는 여러 가지 문제들을 듣게 된다. 생각지도 못했던 문제들을 알고 나서는 입양할 생각을 거두는 사람들도 많다고 한다.

입양하려는 결심을 굳혔다면 깐깐한 심층 면접을 통과해야만 한다. 입양 후 3개월 동안은 1주일 간격으로 센터 측의 확인 사항에 협조해야 하고, 그 이후에도 지속적인 연락을 취해야 한다는 조건도

**세계 동물의 날**
1931년, 이탈리아에서 열린 생태학자 대회에서 시작되었다. 10월 4일이 지정된 이유는 이날 이 가톨릭의 성인 '프란체스코Francesco, 1182~1226'의 축일이기 때문이다. 프란체스코는 자연을 사랑하고 동물과 대화할 수 있는 능력을 지닌 성스러운 인물로 알려져 있다. 서울시는 세계 동물의 날을 기념해 2016년 10월 4일, 7개 동물보호단체와 '동물과 함께 사는 서울' 행사를 나흘 간 진행했다.

받아들여야 한다. 유기견의 수명이 다할 때까지 10년 이상 같이 살아갈 각오는 물론이거니와, 하루 8시간 이상 집을 비우지 않고 보살필 수 있는지도 확인이 되어야 한다. 이 정도 입양 조건이라면 행여나 다시 버려지는 상황은 벌어지지 않을 듯하다.

각 지자체에도 변화의 바람이 불고 있다. 2013년 3월 경기도는 '도우미견 나눔센터'를 개장하면서 '도우미견 나눔학교' 입학식도 함께 개최했다. 일부 유기견을 도우미견으로 훈련해 도움이 필요한 이들에게 무상으로 지원하는 곳이다. 홀로 사는 어르신이나 장애를 지닌 사람이 입양하게 된다니 서로에게 힘이 되는 일이라 더 반갑다. 경남 창원시는 2014년 한 해 동안 유기견 입양률과 주인 반환율이 무려 82%에 달했다. 창원시는 그 비결을 관리시스템의 정비와 자원활동가들의 도움 덕분이라고 설명했다. 2013년에 시작한 '순천만세계동물영화제' 또한 특별하다. 영화제측은 관객들이 반려동물과 함께 축제 일정을 즐기고 유기동물 입양 캠페인에 참여할 수 있게 돕는다.

너o!

노래하는 이효리
동물사랑으로 더욱 사랑받는 인물
그를 따라 입양 캠페인에 동참하는 이들
또한 다정한 목소리로 맞춰보네 입을
사지 말고 입양하세요

# 반려동물 놀이터를
# 만들어주세요

나의 경우를 돌아보면, 11년 동안 고작 개 한 마리를 기르면서도 불편했던 때가 부지기수였다. 우선 산책을 할 때 그렇다. 개들의 주인이라면 정기적으로 산책을 시켜줘야 한다. 엄청난 크기의 저택이 아닌 이상 개들은 어지간한 크기의 마당에도 만족하지 못한다. 나는 제주도로 이주하기 전에는 1주일에 3번 30분씩 산책시키는 게 고작이었다. 마당에 풀어놓으니 그 정도면 괜찮다고 여겼지만, 아마 이탈리아 로마에서 이렇게 산책을 시켰다가는 비싼 벌금을 물어야 했을 것이다. 로마 시의회에서는 2005년, 매일 정기적으로 반려견의 산책을 강제하는 조례를 승인했다. 개 산책시키기를 게을리하는 사람에겐 최고 60만 원 정도의 벌금을 부과할 수 있다고 한다. 혹시나 동물을 유기했다가는? 승용차 한 대 값을 감수해야 하고.

## 산책, 개에게 꼭 필요한 행복의 조건

내가 게을러서 산책하기를 싫어했던 건 아니다. 고백하자면 순이와 산책하기가 힘들었기 때문이다. 훈련받지 않은 개는 주인의 발걸음을 고려하지 않고 목줄을 마구 잡아당긴다. 몸무게가 10kg이 넘어서는 중형 개라면 힘도 어지간할뿐더러, 지나다니는 차를 안전하게 피하기도 힘들다.
순이는 자기 배변을 치울 때도 가만히 기다리지 않아 목줄을 잡고 있는 내가 마구 휘청거리게 된다. 길거리에 떨어진 지저분한 음식 주워 먹지, 조그만 아이들을 만나면 목줄을 꽉 잡고 있어도 엄마들이 불안한 눈으로 기겁하지, 이건 숫제 산책이 아니라 고문이다.
지금은 제주도 시골에 마당 넓은 집에 살고 있어 그나마 산책에 대한 부담은 덜하다. 만약에 계속 도심에 살았다면, 반드시 훈련소에 보내야 했을 것이다. 주인 걸음을 살피며 걷는 정도만 훈련해 줄 수 있다면 꽤 부담되는 비용도 감내할 의향이 있었다. 즐거운 산책을 보장할 수만 있다면!

순이가 강아지 때는 '꼭 사람 욕심에 맞춰 훈련을 해야 하나?'라는 생각도 했다. 그땐 귀엽고 얌전했으니까. 그런데 10년을 같이 살아보니, 아니더라. 인간 사회의 구성원으로 태어난 개들은 사람에게 필요한 최소한의 예의를 익혀야만 고통 없이 살아갈 수 있다.
말 잘 듣는 개를 포기할 사람은 거의 없다. 사실 주인의 잘못이 크긴 하겠지만 많은 개가 말썽을 피운다는 이유로 버려지고 있는 것이 현실이기 때문이다. 그나마 순이는 밥을 줄 때마다 앉아서 기다리도록 훈련해 놨더니 밥그릇에 음식을 담는 동안 험하게 달려드는 일은 한 번도 없었다. 하루에 몇 번이고 얌전히 앉아서 기다리는 모습을 볼 때면 기특한 마음이 든다.

훈련은 집에서도 가능하다. 반려견을 기르는 영국 사람들은 동네 공원에 모여 서로 훈련 방법을 주고받는다고 한다. 주인을 기준 삼아 걷는 연습을 한 개들은 낯선 사람이 불러도 따라가지 않고, 대중교통도 얌전히 이용한다. 이렇게 하면 자연스레 주인이 개를 데리고 다니는 시간은 늘어나게 되고 개들은 답답해하지 않는다. 개가 갑갑함을 드러내면 집에서 같이 지내기에도 골치 아프다.

불만과 짜증이 서려 있는 동물의 행동은 사람의 화를 부른다. 순이도 서울 집 마당에 있을 땐 가끔가다 곱게 자란 화초를 다 헤쳐 놓았다. 우리 가족이 자기보다 화초를 더 예뻐하는 것 같아 시기심이 발동한 듯했다. 그럴 때면 동물을 좋아하던 엄마도 혀를 끌끌 차며 순이를 노려보곤 했다.


## 사람 사이의 갈등을 줄여 주는 반려동물 놀이터


유기견이 줄어들기 위해서는 쉽고 효과적인 훈련법이 널리 공유되어야 한다. 적당한 산책 공간도 필요하다. 아무리 훈련이 잘된 얌전한 개라도 덩치가 크면 위협을 느끼는 사람이 있기 마련이고, 서로 간에 마찰이 일어날 수 있기 때문이다.

어느 반려견 주인의 하소연을 들어보자. 이 사람은 개의 출입이 허용된 공원에서 목줄을 하고 얌전히 앉아 있을 뿐이었는데 누군가 공원 관리소에 민원을 넣었다고 한다. 덩치 큰 개였기 때문이다. 공원 관리자는 신고가 들어왔으니 다시는 이 개를 데리고 오지 말아 달라고 부탁을 했단다. 그 말을 들은 개 주인은 기분이 나빴다. '뭐, 공원에 오지 말라고? 그렇다면 개를 데리고 인도에서 산책해야 하나?' 인도에는 사람들이 더 많은데 대체 어디로 가란 말인지.

이렇듯 동물을 이해하는 수준이 다르다 보니 예의 바른 개와 주인일지라도 따가운 눈초리를 받아야 할 때가 종종 있다. 개 산책 때문에 생기는 마찰이 웃어넘길 만한 문제가 아니란 게 실감 난다.

반려동물로 인한 사람 사이의 갈등은 사회적 갈등으로 번질 위험이 있다. 반려동물의 산책을 허용한 공원이라면 공원 내에 반려동물 구역을 따로 지정하는 것이 필요하다. 그게 힘들다면 간단한 울타리로 경계를 두면 어떨까? 그래야 공원을 이용하는 사람들 간에 필요 없는 갈등이 줄어들 테니까.

수의사 김연중 씨는 미국의 사례를 들려준다. 애쉬배리 헤이츠라는 동네엔 3가지 종류의 공원이 있다고 한다. 동물의 출입이 금지된 공원과 동물의 출입이 가능하되 목줄을 꼭 착용시켜야 하는 공원, 그리고 반려동물들을 자유롭게 풀어 놓을 수 있는 공원.

예전에는 이 동네에도 개를 좋아하는 사람과 싫어하는 사람 사이에 갈등이 컸는데 서로 조금씩 양보해서 좋은 답안을 찾은 것이라고 한다. 새겨들을 얘기다. 땅이 넓은 미국에서나 가능한 해결책은 아니다. 울산시에서도 이와 비슷한 방법으로 과감한 해결책을 제시했다. 2012년 3월 지자체 중 최초로 애견 운동장을 연 것이다. 러너스 하이runners' high 즉, 달릴 때 쾌감을 느끼도록 진화된 개들이 좁은 주택에서 벗어나 마음껏 뛰어놀 수 있는 운동장이다.

울산시가 개들을 특별히 예뻐해서 내린 결정은 아니다. 개와 함께 생활하는 시민들의 편의와, 공원에서 개를 꺼리는 시민들의 쾌적한 시간을 위해서다. 당연히 공원 관리소의 민원 처리 부담과 이웃 간의 갈등도 줄어들 테고.

울산시의 애견 운동장이 호응을 얻자 성남시와 서울시에서도 '반려견 놀이터'를 발 빠르게 추진하게 되었다. 먼저 성남시는 탄천과 중앙공원에, 서울시는 어린이대공원과 상암월드컵경기장에 반려견 놀이터를 조성했다.

성남시가 처음에 만든 탄천의 반려견 놀이터는 딱히 용도가 없는 땅에 값싼 초록색 그물을 둘러놓은 게 전부였다. 보기엔 썰렁해도 누군가 개를 데려오기만 하면 순식간에 즐거운 놀이터로 탈바꿈했다. 2014년엔 성남시민들이 직접 마을 하천 주변의 버려진 땅을 정비해서 반려견 놀이터를 조성했다. 크기는 무려 800평! 쓰레기가 뒤엉킨 풀밭이 전국적인 명소로 탈바꿈하였다.

이곳은 아이들에게도 더할 나위 없이 훌륭한 놀이터다. 꼭 자기 개를 데려오지 않아도 다른 사람의 개들과 교감하고 뛰어놀 수 있기 때문이다. 놀이 시설 하나 없는 맨땅이지만 최고의 놀이터다.

반려동물 놀이터는 유기동물을 감소시키는 사회적 바탕이고, 복잡한 현대 도시에 꼭 필요한 공공시설이다. 천방지축 개들을 데리고 나온 이들은 예의 바른 개들을 부러워하며, 보고 듣고 배울 기회를 얻는다.

외국의 여러 나라에선 반려동물 놀이터와 같은 공공시설이 곳곳에 있다. 이탈리아에는 반려견과 함께 사용할 수 있는 해수욕장이 따로 조성되어 있다고 한다. 반려견 때문에 여름휴가를 포기해 본 사람이라면 부러워할 만한 풍경이다.

우리나라에도 잠깐 애견 해수욕장이 등장한 적이 있다. 2013년 여름, 국내 최초의 애견 해수욕장이 개장했다. 강릉시는 반려견을 동반해야만 드나들 수 있는 해수욕장을 사근진 해변에 조성해 놓고, 반려견과 함께 지낼 수 있는 숙박업소까지 선정해 놓았다.

하지만 갑자기 많은 반려견과 여행객이 몰려든 게 화근이었다. 예상치 못한 갖가지 문제들이 주민들을 힘들게 했다. 숙박업소에서는 청소하기 힘든 개털 때문에 무척 곤혹스러워했다. 개의 배변을 치우지 않는 등 일부 개 주인들의 행동도 문제가 된 것 같다. 애견 해수욕장은 다음 해부터 열리지 않았다.

남미 페루를 여행하고 있는 한 블로거에게서 흥미로운 이야기를 들었다. 페루에서는 반려견의 배변을 치우지 않으면 10만 원, 목줄을 하지 않으면 17만 원이 벌금으로 부과된다고 한다. 교통규정보다 반려견에 대한 규정이 더 철저하게 느껴질 정도라고 한다. 페루의 물가를 고려하면 실로 어마어마한 액수다.

우리나라에서도 2008년부터 목줄과 배변 수거 등을 지키지 않는 이들에게 적지 않은 과태료를 부과하고 있다. 반려동물 놀이터가 아닌 공원 시설에서는 개에게 목줄을 채우는 것이 주인이 갖추어야 할 예의고 의무다.

세금으로 반려동물 놀이터를 조성하고 반려동물을 아끼는 사람들을 못마땅하게 바라보는 시선 중에는 사람도 살기 힘든 판에 사치스러운 행태라는 생각도 있을 것이다. 특히 반려동물 미용에 대한 거부감은 꽤 크다. 겉보기에 예쁘라고 많은 돈을 들여 치장하는 것은 허영일 수 있다. 더구나 피부에 좋지 않은 염색 시술 등은 동물복지의 관점에서도 논란의 여지가 있다. 불필요한 미용은 경계해야 한다. 이탈리아 로마에선 반려동물의 외모를 위해 털을 염색하거나 꼬리와 귀, 손톱 등을 짧게 자르는 시술을 금지하고 있단다.

그렇지만 반려동물에 대한 서비스를 모두 사치로 봐서는 곤란하다. 동물과 사람이 건강하고 안전하게 어울리기 위해선 때때로 미용이나 특수한 시술이 필요할 때가 있다. 나의 순이 같은 토종개들이야 털갈이 계절에 집에서 빗으로 털만 골라주면 그만이지만, 미용하지 않으면 털이 심하게 엉키고 위생에 문제가 생기는 개들도 있다. 미용 시술은 동물과 사람의 동반을 위해 꼭 필요한 것인지 곰곰이 따져보고 판단해야 할 문제다.

## 어려운 이들에게 더욱 소중한 반려동물

반려동물과 함께 살기 위해선 얼마나 많은 돈이 필요할까? 2013년 한국소비자원의 조사결과 한 달 평균 13만 5632원의 비용이 든다고 한다. 이 중 먹는데 지출한 비용은 5만 7493원이다. 반려동물이 주는 기쁨에 비한다면 충분히 감내할 수 있는 금액이다.

그렇지만 이게 다는 아니다. 동물이 아플 때 드는 진료비가 만만치 않으니 말이다. 같은 병명이라도 동물 병원마다 가격차이가 클 수 있고, 보험도 적용되지 않아서 예측조차 힘들다. 나도 몇 번 동물 병원에 치료비를 물어 본 적이 있지만 "일단 봐야 한다"는 대답이 대부분이었다.

큰 병이면 쌈짓돈까지 툭툭 털어야 할지도 모르니 통장 잔액부터 확인해 볼 일이다. 반려동물을 새로 맞이할 사람은 신중하게 생각해 보기를 바란다. 비상시엔 최신 휴대폰을 살 때처럼 기꺼이 돈을 낼 마음이 생길지 말이다.

경제적인 형편이 몹시 어렵지만, 반려동물에게서 삶의 힘을 얻는 이들은 어떡해야 할까? 국가가 복지 정책의 하나로 동물 병원비를 지원해 줄 수는 없을까? 이런 말을 늘어놓으면 허황된 소리라는 핀잔을 듣게 될지도 모르겠으나 찬찬히 살펴보면 그렇지 않다.

반려동물이 절실한 돌봄 계층에게 비용 부담을 줄여주는 정책은 이미 시행되었다. 충남 서산시는 2013년 3월에 '중증장애인 반려동물 지원 사업'을 시작했다. 서산시에 사는 1~3급 장애인이 자신의 반려동물을 데리고 동물병원에서 진료를 받으면 진료비의 절반을 지원해 주는 것이다.

반려동물을 사랑으로 돌보는 장애인들은 그 자체로 재활 치료 효과를 얻을 수 있다. 어찌 보면 반려동물이 사람을 대신해 장애인을 돕고 있는 셈이다. 그러니 정부가 사람의 복지를 위해 반려동물의 복지를 함께 챙기는 건 자연스러운 일! 같은 해, 광주 광역시 남구의회에서도 서산시와 비슷한 내용으로 '중증장애인 반려동물 진료비 지원 조례'를 통과시켰다. 성과가 좋다면 전국의 지자체 사업으로 점점 번져갈 것이다.


2011년 3월 11일 일본 후쿠시마에서 일어난 지진은 사람과 동물에게 감당키 힘든 재앙을 불러일으켰다. 원자력발전소가 폭발했고 주변 20km가 방사능에 포위됐다. 15만 명의 주민들은 가족들과 긴급히 피난했지만 개와 고양이들은 집에 그대로 남겨 두었다. 축사에는 소와 말과 돼지들이 있었다. 그 당시 주민들은 금방 돌아올 수 있을 거라 생각했을지도 모르겠다. 그러나 그 이후 돌아오는 이는 아무도 없었다.

세상은 남아있는 동물에게 침묵했다. 단 한 사람만이 죽음의 경계 지역으로 들어섰다. 사진작가 오오타 야스스케. 그는 살아있는 고양이 어미와 새끼들에게 밥을 주며, 굶어 죽은 동물들과 배회하는 동물들을 조심스럽게 카메라에 담았다. 인간의 실수로 영문도 모른 채 비극에 처한 동물들의 역사를 기록하기 위해서다. 동물을 잊은 모든 사람을 대신해서 카메라로 기억하기 위해.

그는 후쿠시마에 남겨진 동물들의 모습을 보여주며 이렇게 말했다.

"내가 느낀 건 '기다리고 있다'는 사실입니다."

사람과 함께 살아온 동물들은 끝까지 기다린다. 버림받았다 할지라도….

그의 사진들은 한 권의 책이 되었고 우리나라에도 『후쿠시마에 남겨진 동물들』하상련 옮김. 책공장더불어 이란 제목으로 출간되었다.

네!

방사능이 포위해 버린 일본의 후쿠시마
황급히 모두 떠나 적막함만 감돌 줄 알았지만
살아남은 동물들은 사람들을 기다리고 있어
고요한 카메라의 기록은 기다림의 시를 써

# 4장

# 보이지 않는 곳의 동물

- 화장품에 희생되는 실험동물들
- 반달곰의 집은 어디인가
- 아스팔트 도로는 너무 위험해

# 화장품에 희생되는 실험동물들

여자: "에이, 네가 화장품을 알아?"

남자: "… 너, 파우더 21호냐 23호냐?"

즐겨보는 코미디 프로그램에서 화장품 이야기가 나왔다. 여성 화장품에 대해 깜깜한 젊은 남성에게, 가장 중요한 화장품 지식을 10초 만에 알려준다고 한다. 여자 친구에게서 "네가 화장품을 알아?"라는 핀잔이 날아올 찰나, "파우더 21호냐 23호냐?" 이 말만 하면 된단다. 이게 대체 뭔 소린가 싶어 고개를 갸우뚱했으나 내 머릿속엔 로봇 만화 『철인 28호』가 떠오를 뿐이었다. 설명은 이렇다. 얼굴색을 환하게 만드는 파우더는 피부 색깔에 따라 호수가 달라지는데, 한국인이라면 백팔 백중 약간 밝은 21호나 약간 어두운 23호를 사용한다는 것. 여성 관객들의 웃음이 터져 나오고 남성 관객들은 '그렇구나' 하는 기색이 완연했다. 그제야 나도 고개를 끄덕였다. 그러고는 무대 위로 올라가 한마디 하고 싶어졌다.

"너, 혹시 동물실험 하지 않은 화장품 사용하니?"

## 토끼의 눈에서 흐르는 약물

화장품은 사람의 피부에 직접 바르는 물질이다. 자칫 잘못하면 눈에 들어갈 수도 있으니, 행여 독성이라도 섞여 있다면 큰일이다. 그래서 화장품 회사는 제품의 독성을 미리 시험해 본다.

독성을 시험해 보는 방법은 그리 어렵지 않다. 토끼의 눈에 독성이 의심되는 물질을 발라놓고 관찰하는 것이다. 이것을 드레이즈 테스트Draize test라고 하는데, 독성을 연구하는 미국의 과학자 존 드레이즈John Draize가 1944년에 개발한 방법이다. 자료 화면을 보니 실험용 토끼의 몸길이는 보통의 컴퓨터 키보드만 하고 얼굴은 두 주먹만 하다. 어디 한번 실험실의 모습을 들여다보자.

연구원이 토끼 한 마리를 움직이지 못하도록 몸을 꽉 조이는 장치 안에 집어넣고, 토끼의 눈에 마스카라 성분을 묻히고 있다. 옆에 있는 수십 마리의 토끼들은 목만 내놓은 상태로 발버둥 친다. 어떤 토끼들은 심하게 몸부림치는 바람에 목이 부러지고 말았다. 그래도 실험은 멈추지 않는다. 무려 3000번이나 계속된다. 드레이즈 테스트로 반복에 반복을 거듭하면서 도중에 실명하는 토끼가 나오면 폐기 처분한다. 왜 하필이면 토끼를 뽑았을까?

토끼는 눈물샘이 없기 때문이다. 그 사실을 모른다면 토끼의 눈에서 흘러내리는 약물이 꼭 눈물 같아 보일 것이다. 나는 약물인지 눈물인지 모를 토끼의 사진을 본 순간 소름이 돋았다. 눈에 작은 티끌 하나만 들어가도 호들갑을 떠는 인간이 어찌 이럴 수 있나. 눈물샘이 없다고 토끼에게 그런 짓을 하다니….

토끼의 맨 피부에 독성물질을 발라 반응을 살피는 '피부 민감성 실험'과 독성 추정 물질을 최소 28일 동안 먹이는 '반복 독성 실험' 또한 악명이 높다. 그렇게 화장품 실험을 거친 토끼의 모습은 차마 눈뜨고 보기 힘들 정도로 만신창이가 된다.

동물을 생각하는 사람들은 되도록 화장품을 사용하지 않고, 사용하더라도 유해 성분이 없는 천연 제품을 찾으려고 노력해 왔다. 그런 흐름에서 자연히 이런 사람들을 주요 고객으로 여기는 화장품 회사도 생겼다. 그 회사는 "우리 화장품은 동물실험을 하지 않습니다"라는 광고 문구를 내세웠다. 동물실험이 필요 없다는 건 그만큼 해로운 화학 성분이 적어서 자연 물질에 가깝다는 뜻이다.

화장품을 비롯해 각종 세제와 음식 재료 등에 두루 퍼져 있는 화학 성분은 1990년대부터 사람들의 경각심을 불러일으켰다. 동물실험에 관심이 없어도 피부가 민감한 소비자들은 천연에 가까운 화장품을 선호하기 시작했고 동물실험이 전혀 필요 없는 천연 화장품의 종류가 점점 다양해졌다. 화학 성분이 든 화장품이라 해서 반드시 동물실험이 필요한 건 아니다. 수십 년 동안 안전성이 검증된 수많은 원료를 이리저리 합성하기만 해도 수많은 종류의 다양한 화장품을 만들고 개발할 수 있다. 또 인공각막 배

양세포와 인공 피부, 동물의 사체 등을 이용해서 유해성을 시험하는 대체실험 방법도 개발되었다.

어떤가! 이제는 화장품 기업이 마음만 먹으면 동물실험을 폐지하는 건 어렵지 않은 상황이 되었다. 안전성이 확실한 원료로 제품을 만들면 아무 문제도 생기지 않기 때문에 걱정할 필요는 없다고 한다. 알레르기 반응이 궁금할 땐 연구원들이 직접 자신의 등이나 팔에 발라두고 반응을 살피면 되는 거다. 아무 문제 없다.

## 예뻐지기 위해 널 다치게 할 순 없어

1996년에는 세계적으로 동물실험을 하지 않는 화장품 기업에만 수여되는 인증 마크가 생겼다. 토끼가 폴짝 뛰어오르는 모양의 **리핑 버니**Leaping Bunny 마크다. 이 마크를 받을 수 있는 기업은 많지 않다. 세세한 원료에서 완성 제품에 이르기까지 동물실험이 없다는 걸 증명하고 앞으로도 이 원칙을 지켜나간다는 약속을 해야만 받을 수 있기 때문이다. 세계 최초로 리핑 버니를 받은 것으로 유명한 화장품 회사 '더바디샵'은 2012년, 63개국 2700여 개의 매장에서 한 달간 동물실험 반대 서명을 모아 세계 각국의 보건복지부에 전달했다. 그뿐만 아니라 생선 비늘 대신 천연 식물 성

**리핑 버니Leaping Bunny**
동물실험을 하지 않는 화장품 제품과 기업을 지지하기 위해 북미주 8개 동물보호단체가 힘을 모아 1996년에 탄생시킨 인증 마크.

리핑 버니 (Leaping Bunny)
마크

분을 사용해 립스틱을 만들고, 염소의 털 대신 인공 모를 이용해 화장 붓을 제작하는 등 동물성 원료를 사용하지 않는다. 우리나라에서도 인기다. 2013년 4월에는 동물실험 반대 서명에 동참한 모든 이들에게 화장품을 할인해 주는 행사까지 진행했다. 나는 이 소식을 SNS로 전달해서 호응을 얻었는데, 동물실험에 별 관심 없던 사람들도 인기 화장품의 할인 소식에는 눈을 번뜩였다.

"할인받으려고 서명했는데 동물에게 도움이 된 거 같아 기분이 좋네요."

국내 화장품 업계에도 변화의 바람은 불어오고 있다. 2012년 여름, 국내 화장품 상표 '비욘드'는 '동물실험 반대 100만인 서명 릴레이'를 진행했다. 동물실험 반대를 주요한 철학으로 내세우며 탄생한 비욘드는 동물실험을 반대하는 감성적인 문장으로 소비자에게 호소했다.

"예뻐지기 위해 널 다치게 할 순 없어."

"아름다워지기 위해 널 상처받게 할 순 없어."

이 회사의 캠페인은 매우 파격적이었고 동물보호가들의 열렬한 지지를 받았다.

화장품 동물실험을 폐지하는 데 앞장서고 있는 유럽연합은 이미 캠페인 수준을 가뿐히 넘어섰다. 유럽연합은 2004년부터 화장품 완제품에 대해 동물실험을 전면 금지했고, 2013년 3월 11일부터는 동물실험을 거친 화장품과 화장품 원료를 아예 판매하지 못하도록 규제하고 있다. 동물실험을 거쳤다면 유럽연합 27개국에선 판매할 수 없다는 것. 어느 국가의 화장품이건 상관없이 똑같이 규제의 대상이다. 화장품의 범위는 비누와 치약 같은 세면 용품까지 아우른다. 맞다. 이를 닦고 세수를 하기 위해서 동물을 다치게 할 순 없잖아!

비욘드를 만든 LG생활건강에서는 유럽연합의 정책 변화를 유심히 주시하며 신속하게 대처했다. 이럴 줄 알고 2012년부터는 모든 화장품에 대해 동물실험을 폐지했다는 것이다. LG생활건강 소속의 이상화 피부과학 부문 연구소장은 당당하게 인터뷰했다.

"2011년 말에 부회장님한테서 전화가 왔어요. 2013년에 유럽연합에선 판매 금지가 된다던데, 어떻게 대비가 되어 가느냐고 물으셨죠. 두 달 검토한 끝에 동물실험을 전면 폐지하기로 했어요. 지금 우리 연구소에는 쥐 한 마리도 없습니다."

<한겨레신문> 2013년 2월 1일 자 「당신 눈에 독성물질 바르고 참으라 한다면?」 중에서

그래도 아쉬움은 있다. 원료에 대해서는 모두 확인되지 않았다는 것이다. 화장품 원료의 종류가 800가지 정도로 워낙 많고 대부분 수입품이라서 일일이 확인하기는 힘들다고 한다. 아직은 동물실험 증명을 꺼리는 원료업체가 많아서 수월하지 않은 상황이다.

화장품 업계 1위를 달리고 있는 아모레퍼시픽은 어떨까? 이 회사는 불필요한 동물실험을 금지하고 대체실험 개발에 투자를 늘린다는 내용으로 '동물실험 기본원칙 선언문'을 2013년에 발표했다. 여기서 불필요한 동물실험을 금지한다는 말은 곧, 필요한 경우엔 동물실험을 할 수 있다는 말이다. 예를 들어 아모레퍼시픽은 화장품을 수출할 때 수입국에서 동물실험을 꼭 요구할 경우 그 기준에 따른다.

화장품 동물실험을 꼭 요구하는 나라라니?

중국이 그랬다. 중국은 정반대의 기준을 가지고 있었다. 동물실험을 거치지 않은 화장품은 수입을 금지한다는 것이다. 바람직한 변화의 분위기에 찬물을 끼얹는 소리가 아닐 수 없다. 동물실험 없이 안전성이 증명된 화장품을 들여와도 중국 정부는 굳이 그곳 동물 실험실로 보내 안전성 검사를 한다.

게다가 화장품 회사는 동물실험을 중국에 대행시킨 꼴이 되어 그에 해당하는 비용까지 지급해야 하는 형편이다. 부당한 일이지만 워낙 큰 시장인지라 대부분 기업은 중국의 눈치를 살피지 않을 수 없다. 한류 열풍으로 가득한 베트남 또한 화장품을 의약품으로 분류해 동물실험을 강제했다.

하지만 꿈쩍도 하지 않을 것 같은 두 나라에 변화의 조짐이 보였다. 2014년 중국 정부는 자국에서 만든 일반 화장품에 대해 동물실험 의무 조항을 없앴다. 베트남 정부는 화장품 동물실험 대체방법을 찾겠노라 2013년 11월에 열린 동남아시아국가연합 회의에서 공언했다.

아무쪼록 중국과 베트남 정부가 서둘러 화장품 동물실험 의무 조항을 완전히 없애주기 바란다.

사회적인 변화에 앞장서는 소셜테이너로 변신한 이효리는 동물실험을 하는 화장품 회사에서 광고 제의가 들어온다면 받아들이지 않겠다는 의지를 밝히기도 했다.

## 동물실험은 꼭 필요한 걸까?

우리나라 화장품 업계의 변화가 증명하듯, 동물실험을 폐지하는 건 기술적으로 전혀 어렵지 않은 문제다. 비욘드는 동물실험 반대를 외치면서 매출이 쑥쑥 올랐으니 소비자들의 호응도 충분히 확인되었다. 아예 화장품 동물실험 금지법을 제정하자는 여론조사에선 국민의 70%가 찬성했다(2013년 2월, 동물보호 시민단체 '카라'의 여론조사 결과).

2015년 1월 정부는 화장품 동물실험을 원칙적으로 금지하기 위해 단계적인 조처를 하겠다고 발표했다. 이 계획은 2015년부터 시작해서 5년 단위로 계획을 추진하는 **동물복지 5개년 종합 계획**의 일환이다. 2016년에는 한국 최초의 대체실험개발센터가 전남 화순에 세워지고, 드디어 2017년에는 동물실험을 거쳐 제조된 화장품 유통이 국내에서 금지될 전망이다. 계획대로라면 우리나라는 아시아에서 화장품 동물실험을 금지한 두 번째 나라가 된다. 첫 번째 나라는 2014년에 금지한 인도다. 머잖아 전 세계에서 화장품 동물실험 반대 캠페인을 벌일 필요가 없게 된다면 얼마나 좋을까.

그런데 한 걸음 더 나아가 생각해 봐야 할 게 있다. 지구에서 벌어지는 전체 동물실험 가운데 화장품 동물실험은 극히 일부다. 화장품 동물실험 말고 다른 동물실험은 어찌해야 할까? 농림축산검역본부의 조사로는 2015년 한 해 동안 국내에서 엄청난 동물이 실험으로 희생됐다. 무려 250만 7000여 마리나! 그중 91%가 생쥐와 같은 설치류이고 나머지는 개, 고양이, 토끼, 돼지, 새 등의 동물이다. 지능이 높은 원숭이 류 동물도 있다. 비율로 따지면 0.13%에 불과하지만, 그 숫자는 3132마리에 달했다.

문제는 화장품 동물실험에 흔쾌히 반대 서명한 사람일지라도, 모든 동물실험이 필요 없다고 여기지는 않는다는 것이다. 이를테면 의약품에 대한 동물실험은 의학의 발전을 위한 필요악이라고 생각한다는 점이다. 하지만 여기서 짚고 넘어가야 할 게 있다.

동물이 인간과 공유하는 질병은 단 1.16%에 불과하다. 더구나 동물실험 결과가 사람에게 그대로 적용되는 경우는 40%를 넘지 않는다니 무작정 믿을만한 수치는 아니다. 동물실험에선 무사히 통과했지만 사람에겐 치명적인 부작용을 일으킨 약품들의 사례도 있다. 이쯤이면 의문을 품어볼 수 있다.

인류에게 동물실험이 꼭 필요한 걸까?

쉽게 아니라는 대답을 던질 수는 없을 것이다. 그렇지만 동물실험의 효과가 대단한 듯 과장된 부분은 꼼꼼히 살펴보아야 한다. 그래야 동물실험을 줄여나갈 수 있을 테니까.

동물실험은 동물에게 매우 끔찍한 고문이다. 생명과학·의과·수의과 대학 등에서 뚜렷한 목적 없이 관행적으로 해오는 실험·실습이나, 필요 이상으로 고통을 주는 실험은 당장 중단시켜야 한다. 나도 초등학교 자연 시간에 지렁이를 죽였고 중학교 생물 시간에는 개구리를 해부하는 수업을 받아야 했다. 교육적 효과를 기대할 수 없는 그런 수업에 난 왜 반기를 들지 못했을까? 다시 돌아간다면 수업을 거부하고 따져 묻고 싶다. 지금은 학교 수업에서 사라졌다니 천만다행이다.

니오!

의심 없이 받아 들였어 모든 동물실험은 필요악
쉽게 판단하기 어려운 부분도 있지만 불필요한
고통과 실험만은 우선 사라지게 해야 해 이제 그만

## 실험동물들에게도 복지를!

실험동물로 쓰이는 동물은 대량생산이 쉽고 다루기 수월한 생쥐와 기니피그, 햄스터가 대다수를 차지한다. 그 외에도 여러 종류의 동물들이 실험용으로 태어나 사육된다. 토끼와 개, 고양이, 돼지, 새, 염소, 심지어 원숭이들까지.

전 세계의 동물보호단체들은 간절히 호소하고 있다. 실험 연구자들이 동물의 고통을 줄여주기 위해 노력하자고. 동물실험을 하더라도 **3R 법칙**에 충실해 달라고 말이다.

3R은 **동물 이용 수의 감소**Reduction **고통의 완화**Refinement **다른 실험으로 대체**Replacement를 함축하는 표현이다. 이 중에서도 고통의 완화를 위한 원칙

은 실험동물에게 반드시 적용되어야 할 최소한의 도리다. 진통제와 마취제를 투여하고 안락사를 시켜야 하는 원칙 등이 그것인데, 그나마 실험동물에게 적용되는 유일한 복지 원칙이라 할 수 있다.

동물보호가들은 실험동물이 최악의 상황에 내몰리지 않도록 직접 동물실험실에 뛰어들기도 한다. 동물보호법에 따라 실험실의 상황을 감독하는 일인데, 3R의 원칙이 잘 지켜지고 있는지 확인하고 더 나은 방법들을 제시한다.

우리나라는 2008년부터 **동물실험윤리위원회** 제도를 시행하고 있다. 이 위원회에는 전문가와 일반인이 두루 참여하여 실험실에서 동물이 겪어야 하는 고통의 정도와 실험에 동원되는 동물의 수를 점검한다.

위원회에 참여하고 있는 일부 윤리 위원들이 2013년에 지적한 잘못된 관행 중 하나를 보면, 실험이 끝난 쥐의 허리를 부러뜨려 폐기 처분하는 것이다. 단지 비용을 절약하기 위해 안락

> ### 실험동물의 고통을 줄이기 위한 최소한 원칙, 3R
>
> **동물이용 수의 감소 Reduction**
> 실험에 동원되는 동물의 수를 줄이기 위해 노력한다. 가장 적은 수의 동물로 충분한 결과를 얻을 수 있도록 실험을 설계하는 지식과 기술이 필요하다.
>
> **고통의 완화 Refinement**
> 실험 동물이 받아야 하는 고통과 스트레스를 최소화한다. 진통제와 마취제를 사용하고, 인도 적인 방식으로 안락사시킨다. 사육 환경의 복지를 높이기 위한 노력도 포함된다. 위생적인 환경과 충분한 먹이를 제공하고, 넉넉한 공간에서 운동할 수 있도록 환경을 조성한다. 궁극적으로 이 원칙을 지킬 수 없는 실험들은 폐지되어야 한다.
>
> **다른 실험으로 대체 Replacement**
> 동물실험없이 연구의 목적을 달성하는 방법을 찾아본다. 과학 기술의 발전으로 다양한 대체실험 방법이 개발되었고 그 효과도 입증되었다. 그 대표적인 세 가지. 첫째, 인간의 세포와 조직을 배양해서 사용하는 방법. 둘째, 이미 도축된 동물의 신체 부위를 이용하는 방법. 셋째, 동물의 반응을 프로그램화해서 만든 컴퓨터 시뮬레이션을 활용하는 것. 만약 동물실험이 불가피하다면, 같은 효과를 얻을 수 있는 선에서 고등동물보다는 하등동물을 사용한다.

사를 시키지 않는다는, 참으로 이기적인 이유 아닌가? 위원들의 지적과 제안에 따라 해당 실험실은 안락사용 가스 시설을 도입하고, 실험 쥐의 케이지 바닥에 깔린 짚 두께도 한층 더 두껍게 만들어 주었다니 그나마 안심이 되었다.

기관이나 업체가 동물실험을 하기 위해선 반드시 동물실험윤리위원회를 설치하고 이러한 절차를 거쳐야 한다. 만약 나에게 위원회에 참여할 기회가 생긴다면? 이를 앙다물지 않고서는 견딜 수 없을 테지만, 조금이라도 실험동물의 고통을 감소시킬 수 있다면야… 굳게 마음먹고 받아들여야 하지 않을까.


어쩌면 실험동물에게 복지란 가당치 않은 표현일지 모른다. 그들은 철저히 절망적인 상황에 놓여있다. 살아있는 채로는 고통스러운 실험실에서 벗어날 방도가 없다. 한편, 동물실험을 하는 연구자들의 마음도 괴롭긴 마찬가지일 듯하다. 그나마 동물 실험실에서 지내는 동물 위령제를 통해 무거운 마음의 짐을 조금이나마 덜어낼 수 있을 뿐이다.

아마 동물실험을 하는 연구원들 또한 화장품을 살 땐 동물실험으로부터 자유로운 리핑 버니 제품을 선호하지 않을까? 그러면 더 부드러운 손길로 실험동물을 다루도록 자신을 다독일 수 있을 테니까.

# 반달곰의 집은 어디인가

'이런, 오늘도 내가 늦으면 밥 사기로 했는데…' 친구와의 약속에 늦을 것 같아 발걸음이 바빴다. 사람들이 붐비는 지하철 통로, 무심히 지나치는 사람들이 가득하다. 이리저리 부딪히지 않으려고 조심하며 길을 재촉하는데, 앞쪽 바닥 하얀 바탕에 네모난 뭔가가 인쇄되어 있다. 거기엔 일곱 살 아이 만한 반달곰 한 마리가 웅크리고 앉아 나를 빤히 바라보고 있었다. 지하철 통로 바닥에다 이런 걸 그려 놓은 건 처음 본다. 사진이었지만 꽤 정교하고 입체적이었다. 오른쪽 구석 아래에는 '날 외면하지 마세요' 라는 여덟 글자가 새겨져 있었다. 반달곰이 왠지 처량해 보여서, 그냥 지나치기가 미안했다. 반달곰이 있는 하얀 바탕 위로는 희미한 회색 창살이 드리워져 있었고, 자세히 들여다보았더니 끈적이는 투명한 테이프를 창살 모양으로 붙여 놓았다. 밟고 지나가는 사람들이 많을수록 신발 밑의 먼지가 테이프에 달라붙어 창살 모양이 점점 진해지는 원리다. 다행히 나는 밟지 않았다. 글자 아래쪽에 인쇄된 QR 코드를 스마트폰으로 찍고선 살짝 옆쪽으로 비켜갔다. "찰칵!" 깜빡이는 화면은 '사육 반달곰 살리기' 서명 페이지로 넘어갔다. 나는 친구와 밥을 먹으며, 이 페이지를 보여주었다. (이 광고는 테디베어뮤지엄 후원으로 슈퍼노멀보이스www.supernormalvoice.com 팀에서 2011년에 제작했다.)

## 농장의 곰들은 어디에서 왔을까

우리나라 어딘가에 반달곰 농장들이 숨어 있다. 그중에서 경기도와 충청도에 가장 많은 반달곰이 갇혀 있다. 곰 농장에서는 힘센 곰이 탈출할 수 없도록 굵은 철창 우리를 설치해 놓고선 신선한 과일과 나뭇잎을 좋아하는 곰들에게 값싼 개 사료를 먹인다고 한다. 동물원도 아닌데 더군다나 소나 돼지나 닭처럼 고기를 얻을 것도 아닌데 곰들은 왜 그곳에 있는 걸까? 농장주들은 곰들에게서 '웅담'이라 불리는 쓸개를 빼내어 약용으로 판매하고 있다. 그러니까 곰에게서 웅담을 빼내기 위해 곰을 사육하는 것이다. 120kg에 달하는 곰 한 마리를 도살했을 때 얻을 수 있는 웅담 한 개의 무게는 고작 19g. 허탈할 따름이다. 전통적으로 웅담이 간에 좋은 약재라고는 하지만 이 작은 웅담 때문에 곰 한 마리를 도축해야 하나? 한의학이 발달하고 재배 기술이 풍부해진 현대에는 웅담의 효능을 대신할 약재가 부족하지 않다는데 말이다.

2009년 「대한본초학회」에서는 웅담 대체 한약에 관한 연구 보고서에서 흥미로운 의견을 내놓았다. 10년 동안 가둬 기른 곰에서 채취한 웅담의 효능이 대단치 않다는 내용이다. 그뿐만 아니라 환경단체 '녹색연합'의 조사로는, 한의사 10명 중 7명이 약용작물이 웅담을 대체할 수 있다는 의견을 내놓았다. 게다가 웅담을 찾는 사람의 대다수는 간이 나쁜 환자들이 아니다. 문제는 무작정 몸에 좋은 건 먹고 보자는 보신주의자들이 웅담을 찾고 있다는 사실이다.

전국에서 사육되고 있는
반달곰의 수 1000 마리

야!

무엇이든 먹고 보자는 보신주의 행태
반달곰을 가둔 단단한 철장을 굳게 걸어 잠그네
건강의 신은 결국 비정한 그대를 멀리할 텐데

곰 농장에서 비참하게 지내고 있는 반달곰은 얼마나 될까? 2005년에는 1454마리에 달했고, 2012년에 실시된 전수 조사에서는 998마리였다. 이들은 30여 년 전 말레이시아 등지에서 우리나라에 팔려 온 493마리 곰들의 가련한 후손이다.

1981년의 일이다. 정부는 농가의 소득을 올리는 정책 중 하나로 농민들에게 맹수류 사육을 허가했다. 곰뿐만 아니라 호랑이, 사자, 늑대 등을 수입해서 새끼를 낳게 하고 다시 다른 나라로 비싼 값에 수출하면 이득이 된다는 이유로 말이다. 농민들은 부자가 될 기대에 부풀어 비교적 사육하기 쉬운 곰을 들여왔다.

정책은 애초부터 엉터리였다. 세계적으로 멸종위기 동물을 보호해야 한다는 목소리가 드높아지자, 정부는 1985년부터 곰의 수입과 수출을 중지했다. 이어 1993년엔 '멸종위기에 처한 야생동식물종의 국제거래에 관한 협약'에 가입하면서 도축까지 금지했다. 곰을 사육하던 농민들은 마른하늘에 날벼락을 맞은 셈이었다.

멸종위기종 보호를 위한 국제적 협력은 당연한 일이다. 문제는 큰돈을 들여 사육 시설을 만들고 곰을 사들인 농민들과 철창 안에 방치된 곰들이었다. 하루아침에 살아있는 유령 꼴이 되고 말았으니…. 너비 1.5m, 높이 2.5m 철창 우리 안에 한 마리씩 따로 갇혀 몸부림치는 반달곰들이 처한 상황은 갈수록 악화하였다. 당장 빚더미에 앉게 된 주인들은 반달곰을 살필 여력이 없었기 때문이다.

농장주들은 반달곰을 걱정하기는커녕, 멀쩡한 곰의 몸에 직접 빨대를 꽂아 손님들이 쓸개즙을 빨아 먹도록 했다. 살아있는 곰에서 쓸개즙을 뽑아내는 몹쓸 기술까지 배워온 것이다. 불행 중 다행이랄까. 이 잔인한 방법은 기자들의 취재로 온 국민들에게 알려졌고 단숨에 거센 항의를 불러일으켰다. 정부는 서둘러 살아있는 곰에게서 쓸개를 뽑아내지 못하게 하고 도살하는 방법으로만 웅담을 채취할 수 있도록 단속했다. 그 많은 곰을 어떻게 해야 할지 뚜렷한 대책은 세우지 못한 채로.

멸종위기종의 반달곰들은 마땅히 야생동물을 보호하고 관리하는 환경부 소속이어야 했지만, 얼토당토않게 농림부 소속이었다. 1999년에서야 반달곰 관리는 농림부에서 환경부로 이전되었다. 멸종위기의 반달곰을 먹여 살려야 하는 책임은 여전히 농가에 있었고. 환경부는 도축 금지를 풀어달라는 농가들의 빗발치는 항의를 견딜 수 없었다. 처음엔 스물네 살 이상의 늙은 곰만 도축할 수 있도록 허가했다가, 나중엔 도축 기준을 열 살 이상으로 크게 낮추었다. 도대체 말이 안 되는 얘기지만 이 기준은 2004년에 개정된 '야생동식물보호법'에 쓰여 있다. 참고로 반달곰의 평균 수명은 스물다섯 살이다.

## 반달곰의 탈주극은 멈추지 않는다

곰에게는 참 얄궂은 운명이다. 2004년은 환경부의 '지리산반달곰복원사업'이 탄력을 받기 시작한 해였으니까. 멸종된 한국의 반달곰 종을 다시 들여와 지리산에서 야생으로 살게 한다는 대범한 계획은 전 국민에게 대대적으로 홍보되었다. 러시아 연해주와 북한에서 한국으로 건너온 어린 곰들은 단번에 국민적 스타로 떠올랐다. 그들에겐 천왕, 제석, 울카, 라나 같은 멋진 이름이 붙여졌고, 야생 적응 훈련 중인 모습이 TV 뉴스에 단골로 비쳤다.

안타깝게도 사육장에 있는 1천 마리 넘는 곰들에겐 복원 종으로 선발될 기회조차 없었다. 가슴 한복판의 하얀 색 반달 문양은 지리산의 반달곰과 다를 바 없었지만 출신지가 달랐기 때문이다. 겉모습이 똑같은 '아시아흑곰'이라 하더라도 일본, 베트남, 말레이시아 출신의 사육 곰들은 복원 대상인 '동북아시아 우수리아종'에 속하지 않았다.

우수리아종이든 아니든 어쨌거나 반달곰이란 동물은 사육장에 어울리지 않는다. 엄연히 야생동물이다. 사람에 의존하는 성격을 타고나지 않았고 보통의 농장동물과는 비교할 수 없는 활동성을 지니고 있다. 야생의 반달곰은 서울 전체 면적만큼 넓은 영역을 두루두루 돌아다닌다. 발도 빠르다. 세계적인 육상 선수와 달리기를 한다 해도 거뜬히 이길 정도로.

설사 사파리처럼 큰 우리에서 동물복지 혜택을 받고 있다 해도 그들에게 동물원은 갑갑한 공간일 게 분명하다. 현실이 이러하니 사육장의 반달곰들은 자유를 꿈꾸며 호시탐탐 탈출할 기회를 엿보았을 것이다.

드디어 일이 났다. 2012년 4월 경기도 용인시의 한 사육장에서 몸무게 40kg의 작은 반달곰 한 마리가 탈출에 성공한 것이다. 아침 8시쯤 농장에서 우리를 옮기던 틈을 타 재빨리 달아났다. 반달곰을 찾기 위해 70여 명의 수색단이 동원되었다. 반달곰은 근처의 야산으로 도망쳤지만 그들을 피할 수는 없었다. 수색단은 저녁 6시 20분, 추적 끝에 탈주범을 사살했다.

너!

철창에서 태어났지만 자유를 찾아 탈출을
전국의 뉴스를 장식했어 반달곰의 탈주극
기억해 멸종위기 반달곰의 애달픈 죽음을

그해 7월에도 반달곰의 탈출은 이어졌다. 이번에는 2마리였고 똑같이 비극적인 결말을 맞았다. 철창 안에서 힘들게 연명하다 죽는 것보다 나았을까. 철창에 갇혀 옴짝달싹 못 하다가 단 몇 시간뿐이었지만 자기 본성을 마음껏 발산했을 테니.

그나마 탈출했던 곰들은 몸 상태가 나쁘지 않았기에 도망이라도 칠 수 있었다. 사육장에는 왼쪽 앞발이 뭉툭 잘려나간 새끼 곰도 있었고, 온종일 철창을 억세게 물어뜯었던 탓에 어금니가 몽땅 빠져버린 어른 곰도 있었다.

농장동물에 대한 복지 법안이 발전하고 시행된다 해도 반달곰이 혜택을 받을 수 있을지는 미지수다. 한국이란 이상한 땅에서 사육 반달곰은 야생동물도 농장동물도 아닌 존재이기 때문이다. 엄연히 법으로 도축이 금지되어 있지만, 식용으로 팔려나가고 막무가내로 도살되고 있는 개들과 동병상련의 처지다. 현실을 포용하지 못하는 법의 좁은 테두리는 이토록 막막하다.

녹색연합에서는 이처럼 갑갑한 법의 테두리를 넓히기 위해 백방으로 노력하고 있다. '사육 곰 살리기' 캠페인으로 7만 명에 달하는 개인 서명을 받아내기도 했다. 정부가 사육 곰 정책을 폐지하고 남아있는 곰들이 고통받지 않는 환경에서 살아갈 수 있도록 조치해 달라는 입법안을 국회에 제출하기 위해서다.

녹색연합에서 2011년에 여론 조사를 해 보았더니 시민 대부분이 곰들의 안녕을 걱정했다. 응답자의 85%는 잘못된 사육 곰 정책이 서둘러 폐지되기를 바랐고, 곰을 사육하는 대다수 농가도 적절한 보상만 받을 수 있다면 곰 사육을 그만두겠다고 대답했다.


## 사육 곰 관리를 위한 특별법을 제정하라


2012년 9월 제주도는 '세계자연보전총회'의 열기로 가득했다. 세계자연보전총회는 환경 분야에서 가장 권위 있는 국제적인 회의인데다 동북아시아 지역에서는 처음이었다. 나는 총회 부대행사 중 하나로 환경에 대한 각자의 생각을 랩으로 표현해 보는 워크숍을 맡게 되었다.

"랩이란 듣는 이의 고개를 끄덕이게 하는 말하기거든요. 환경에 대해서 얘기할 때도 상대방이 고개를 끄덕일 수 있어야겠죠? 자, 일단 종이에 하고 싶은 말을 자유롭게 써보세요."

행사장을 찾은 이들에게 온몸으로 설명을 하며 녹초가 돼 있을 무렵, 두둥! 한 줄기 시원한 바람 같은 소식이 나의 마음을 들뜨게 했다. 세계자연보전총회에서 **웅담 채취를 위한 곰 사육 금지 결의안**을 통과시켰다는 것. 잔혹한 곰 사육을 중단시키기 위한 모든 조치를 하루빨리 실천해 달라는 총회의 촉구는 반달곰을 사육하고 있는 중국·한국·베트남·라오스·미얀마, 이 다섯 나라를 향한 간절한 목소리였다.

이 결의안에 강제성이 있는 건 아니지만 세계적으로 권위 있는 총회의 의견인 만큼 쓴소리를 듣게 된 각국 정부는 그런 현실을 무시할 수 없게 되었다. 효과는 있었다. 2013년에 녹색연합의 캠페인에 뜻을 같이하는 16명의 국회의원이 '사육곰 관리를 위한 특별법안'을 국회에 발의했고 환경부는 사육곰 증식금지 사업을 계획했다.

애석하게도 정부가 사육곰을 모두 사들여 돌보자는 특별법안은 이슬처럼 사라졌다. 더 이상의 증식을 막기 위해 모든 사육곰을 중성화시키는 환경부의 계획만 2014년부터 진행이 되었다. 967마리의 곰들은 철창을 잠시 벗어나 중성화 수술은 받았고 다시 철창 속에 갇혔다. 2016년에 수술이 완료된 직후 남아있는 사육곰의 수는 660마리 정도였다.

이제라도 환경부가 남아 있는 사육곰을 사들인다 한들 어디서 어떤 방식으로 관리해야 할지는 막막할 따름이다. 관련 기사들을 뒤져보니 중증 장애가 있는 곰들은 안락사하고 나머지 곰들은 연구용으로 동물원과 대학 등에 맡기자는 전문가의 제안이 눈에 밟힌다.

우리나라의 부끄러운 사육 곰 정책의 종결을 위해 마지막으로 희생될 반달곰들의 운명은 과연 어떻게 될까? 갑자기 지하철 통로 바닥에서 사람들을 물끄러미 바라보던 반달곰의 얼굴이 떠올랐다.

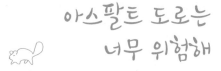

# 아스팔트 도로는 너무 위험해

제주에서는 겨울이 오면 더욱 조심해서 운전을 해야 한다. 눈이 자주 내리기도 하지만, 차가 쌩쌩 지나다니는 줄도 모르고 갑자기 뛰어드는 노루들이 늘어나기 때문이다. 먹이가 부족한 탓에 시골 마을의 밭 주변을 기웃거리거나 도로 주변을 배회하다 그렇다. 한산한 도로라고 맘 놓고 달리다간 큰일 날 수 있다. 한밤중 자동차 불빛에 눈이 번뜩거리는 노루를 맞닥뜨린 적이 한 두 번이 아니다. 노루는 길을 건너다 차량 불빛을 만나면 피하지 못하고 그 자리에 얼어붙어 버린다. 그래서 겨울밤 운전을 할 때는 평소보다 곱절 피곤하다. 얼굴을 운전대에 바싹 붙이고 어두운 도로 양쪽을 살피느라 눈이 시리다. 속도도 많이 줄여야 하니 같은 길을 가더라도 시간이 오래 걸린다. 2012년 한 해 동안 제주에서 교통사고로 죽은 노루의 숫자는 159마리에 이른다. 사람들은 이렇게 도로 위에서 죽는 동물들을 두고 **로드킬**Road Kill이라 부른다.

## 도로 위의 싸늘한 죽음

로드킬의 위험은 노루 같은 야생동물에게만 닥친 상황은 아니다. 한 번은 4차선 도로에서 방황하고 있는 3마리의 개들 때문에 급히 브레이크를 밟아 속도를 줄인 적도 있었다. 시속 90km까지 쌩쌩 달리는 도로 위에서 마주치게 되다니, 위험천만한 일이다. 급히 속도를 줄이고 비상등을 깜빡이며 그들이 지나가길 기다리면서도 혹시나 다른 차와 부딪히진 않을까 하고 몹시 불안했다.

제주의 넓은 도로를 이용할 때면 수시로 로드킬의 흔적을 보게 된다. 손바닥만큼 작아서 무엇인지 구별이 가지 않는 동물도 있고 고양이도 적지 않다. 한번은 중앙선 가까이에 덩치 큰 백구가 죽어 있는 모습을 본 적도 있었다. 이런 끔찍한 장면을 자주 마주치다 보니 무덤덤하게까지 느껴질 때도 있고.

이제 로드킬은 흔하디 흔한 일상이 되었다. 제주도뿐만이 아니다. 대한민국 곳곳에 매끈하게 깔린 아스팔트 도로는 매일매일 싸늘한 무덤이 되고 있다. 로드킬이 발생하는 자동차 도로는 크게 두 가지다. 고속도로와 국도. 2009년부터 3년간 고속도로에서 사고를 당한 야생동물의 수는 무려 6000마리가 넘는다. 10마리 중 8마리가 고라니다. 나머지 2마리에는 너구리, 산토끼, 삵, 오소리, 족제비, 멧돼지 등이 주검의 명단에 오른다.

국도에서는 야생동물뿐만 아니라 개와 고양이의 사고도 흔하다. 부산 지방 국도에서 발생한 로드킬에서 개와 고양이의 비중은 26%에 달했다. 서울의 경우 로드킬을 당하는 동물의 대부분이 고양이다. 2014년부터 2016년 상반기까지 로드킬을 당한 동물 1만7036마리에서 고양이가 무려 80%를 차지한다.

이들의 사체를 치우는 일도 여간 곤욕스러운 일이 아니다. 교통사고로 이어질 위험도 커서 신속히 처리해야 하지만 쉽지는 않다. 경상남도는 로드킬 사체를 바로 신고하면 소정의 포상금을 지급하는 정책을 2007년부터 시행했다.

왜 이렇게 로드킬이 많이 생기는 걸까? 원인은 단순하다. 동물을 배려하지 않고 만든 도로 때문이다. 인간 편의 위주의 도로를 만든다고 기존의 동물들이 다니던 길을 뚝 끊어 놓았다. 아프리카의 세렝게티 초원에서만 동물들이 이동하는 게 아니다.

동물은 매일매일 이동하며 살아간다. 동물들은 새 도로가 생겼는지, 자기들이 다니던 길이 어떻게 됐는지 모르고 원래대로 지낸다. 그들은 단지 자기네 길을 갈 뿐인데 그 길을 인간이 뚝 끊어 놓았으니 백배사죄해야 할 일이 아닌가.

로드킬을 줄이려면 도로를 만들 때 동물들이 안전하게 이동할 수 있는 '생태 통로'를 별도로 시공해야 한다. 하나의 예를 들면, 육교처럼 도로 위에 구름다리를 만들어 두는 것이다. 사람을 위한 것이 아니라 동물들이 이용할 수 있도록.

야!

운전을 하기 위해 필요한 담력
도로 위의 숱한 죽음을 목격하며 차들은 달려
운전 길을 끔찍하게 만드는 악몽의 로드킬
부디 동물도 안전하게 모든 길에서


## 생태 통로가 로드킬을 줄인다

사실 우리나라에는 이미 적지 않은 생태 통로가 만들어져 있다. 1998년 지리산 시암재에 처음 등장한 이후로 2009년에 이르러 총 370여 개의 생태 통로가 완공되었으니, 개수로 치자면 네덜란드·프랑스·미국 다음으로 수가 많다. 그러니까 세계에서 네 번째로 생태 통로가 많은 나라다. 그런데 로드킬은 왜 급증하는 걸까? 문제는 동물들에게 공지할 수 없다는 점이다.

"아, 아, 동물들에게 알립니다. 내일부터는 안전한 생태 통로를 이용하여 주시고, 도로로 뛰어드는 일이 없길 바랍니다." 동물들에게 이렇게 전달할 수 있다면 얼마나 좋을까!

> **로드킬 예방과 대처법**
> - 로드킬이 자주 발생하는 지역에선 느릿느릿 운전하고 제한속도를 지킨다. 과속할수록 제동거리가 길어져 사고 위험이 커진다.
> - 밤중에 동물을 발견하면 속도를 줄이고 전조등을 끈 다음 빵빵 경적을 울려 도망치게 한다. 특히 고라니와 같은 야생동물들은 전조등의 불빛에 순간, 시력을 잃고 차량으로 뛰어들기도 한다.
> - 동물과 충돌했다 해도 운전대를 돌리지 말아야 한다. 운전대를 그대로 유지해야 더 큰 사고를 막을 수 있다.

상황이 이러하니 우리는 동물을 생태 통로로 '유도'할 수밖에 없다. 하지만 동물에게 그렇게 하기란 생각처럼 쉽지 않다. 우선 동물들이 스스로 통로를 찾게 하려면 도로의 울타리부터 유도형으로 제작해야 한다. 동물들이 훌쩍 뛰어넘거나 지나다닐 수 없도록 해서 생태 통로를 찾아 가게끔 유도하는 울타리 말이다. 안타깝게도 주변에 유도형 울타리가 함께 조성된 생태 통로는 많지 않다. 그중에는 관리가 부실해서 구멍이 나거나 빈틈이 생긴 것도 있고.

동물마다 선호하는 통로의 형태도 다르다. 지하 터널의 경우 건너편이 훤히 보일 정도로 입구가 넓지 않다면 고라니나 멧돼지, 산토끼 같은 산짐승은 겁을 먹고 거의 이용하지 않는다. 이들은 도로 위를 지나는 육교형 통로를 건너다닌다. 이와는 정반대인 동물도 있다. 쥐나 족제비 등은 오히려 좁고 어두운 통로에서 안심한다.

이렇듯 동물의 생태에 대한 조사가 부족하다거나 공사비 절감을 위해 꼭 필요한 조건을 채우지 못한다면 애써 만든 생태 통로도 무용지물이 되고 만다. 육교형 통로라면 주변에 서식하고 있는 나무를 심어 자연스럽게 보이도록 하고 양쪽 지형이 가파르지 않도록 조성해야 한다. 무엇보다 동물이 접근하기 좋은 위치가 중요하다.

경상남도의 창녕군에선 예상치 못했던 좋은 일이 생겼다. 풍수지리적으로 땅의 기운을 잇기 위해 도로 위에 콘크리트 터널을 설치하고 그 위에 수풀 조성을 했는데, 수많은 야생동물이 드나들게 된 것이다. 동물들을 고려하지 않고 지어진 생태 통로보다 훨씬 낫지 않은가!

## 하늘다람쥐에겐 하늘의 통로를

바람을 타며 날아다니는 하늘다람쥐, 그들도 로드킬의 희생양이다. 도로
도 아니고 위로 날아다니는 하늘다람쥐가 로드킬을 당하는 이유는 뭘까?
하늘다람쥐에겐 그들만의 특별한 길이 필요하다. 터널도 육교도 아닌 공
중의 통로. 그런데 도로변에 높은 나무가 없다. 도로가 생기기 전에는 분
명 중간중간 나무들이 있었을 텐데, 도로 공사 후 남아 있는 나무 사이의
거리는 한없이 멀기만 하다. 그러니 적절한 비행 거리를 확보하지 못한
하늘다람쥐가 그대로 도로 위에 떨어져 참사를 당할 수밖에.

해결책은 그리 어렵지 않다. 통나무 모양의 기둥만 세워 두면 된다. 하늘
다람쥐는 앞다리와 뒷다리 사이의 피막을 활짝 펼쳐 마치 행글라이더처
럼 활공해서 기둥 사이를 이동할 수 있으니 말이다.

날아라 하늘다람쥐!

2007년 한국도로공사는 하늘다람쥐가 이동하는 88고속도로 양쪽에 높
은 기둥 8개를 설치했다. 이 기둥들은 못 쓰는 가로등에 삼밧줄을 감아
만든 재활용품이라서 설치 비용도 저렴했다. 총 500만 원 밖에 들지 않
았다고 하니. 한 개를 시공하는데 최소 10억 원이 드는 다른 생태 통로에
비한다면 그야말로 경제적이다.

맞다. 거액을 들여 생태 통로를 새로 만들기보다는 기존의 시설물을 활
용하는 것도 훌륭한 생각이다. 아하, 아껴 쓰고 다시 쓰는 알뜰한 환경 운
동이 생태 통로에도 그대로 적용되는구나.

우리나라 도로에는 수로나 교량 등 생태 통로로 활용할 수 있는 구조물들이 무척 많다. 133m에 하나 꼴이란다. 이것들을 동물이 쉽게 지나다닐 수 있도록 개선하면서 주변에 유도형 울타리를 설치해 놓는다면 이상적인 생태 통로가 될 수 있을 것이다. 우리나라에서 만든 생태 통로 중에는 바람직한 게 많지 않다고들 하지만, 이와 같은 모범적인 통로를 본보기 삼는다면 개선될 여지는 충분하지 않을까.

국립공원관리공단은 지리산 · 오대산 · 소백산 · 월악산 · 설악산 등지에 있는 생태 통로에 카메라를 설치했다. 2006년부터 4년간 조사한 결과, 매해 이동하는 동물의 수가 꾸준히 증가한 것을 확인했다. 전국 16개의 국립공원을 지나는 41개 도로에서 발생한 로드킬은 2006년 1441건에서 2014년 290건으로 대폭 감소했다는 반가운 소식도 있다.

소백산 죽령의 터널형 생태 통로는 대표적인 모범 사례다. 포유류는 물론이고 양서류가 지나다닐 수 있는 수로까지 꼼꼼하게 설계한 길이다. 안에는 카메라가 있어서 이동하는 동물들의 종류와 행동을 정확히 관찰하며, 계속 부족한 부분을 보강해 간다고 한다.

이처럼 좋은 입지에 잘 만들어 꼼꼼히 관리하는 생태 통로 하나가 형식적으로 만든 것 열 부럽지 않다. 애초에 동물의 이동을 고려해서 도로를 잘 설계했다면 별도로 생태 통로 공사를 할 필요가 없었을 테지만 뒤늦게라도 지혜를 모아야 한다. 더 경제적인 방법을 찾아 필요한 곳마다 생태 통로를 만들 수 있다면 확실히 로드킬은 줄어들 테니.

미국과 유럽 등지에서는 도로에 '동물 감지 장치'를 설치해 좋은 결과를 얻었다고 한다. 이 장치는 적외선 센서로 움직이는 동물을 감지하고 도로 전광판으로 신속하게 신호를 보내서 감속을 표시해 준다. 스위스에선 이 장치 덕분에 사슴류의 로드킬이 무려 80% 이상 줄어들었단다. 귀가 솔깃해진다.

동물을 보호하기 위한 과학기술은 앞으로도 쭉 진화할 것이다. 하지만 운전자들은 방심해선 안 된다. 인간의 탐욕과 이기심으로 자기 터전을 잃은 야생동물과 유기동물이 폭발적으로 늘어난 상황에서 생태 통로와 과학기술도 한계가 있다.

로드킬을 효과적으로 방지하려면 무엇보다 운전 습관이 중요하다. 차와 사람이 드문 곳에서 운전할 때는 바짝 긴장해야 한다. 늘 동물이 나타날 수 있다는 생각을 가지고 제한속도를 지키도록 하자.

몇 해 전 호주 멜버른을 여행할 때 우연히 목격한 광경은 두고두고 잊히지 않는다. 쾌청한 오후, 4차선 도로에 한 승용차가 뜬금없이 멈춰 서 있었다. 웬일인가 했는데 그 앞으로 야생 고슴도치 한 마리가 유유히 걸어가고 있는 게 아닌가. 핸드볼만 한 고슴도치의 걸음은 매우 느렸다.

놀라웠다. 시속 60km로 달리는 아스팔트 도로에서 작은 고슴도치를 신속하게 발견하고 안전하게 멈춰 설 수 있다니! 캥거루 같은 야생동물이 흔한 그곳 사람들은 운전 중에 늘 동물 출현을 염두에 뒀기 때문일 거다. 고슴도치가 지나가기를 기다리던 중년 여성 운전자의 여유로운 표정이 여태 눈에 선하다.

# 5장

# 동물을 생각하는 여행하기

- 학대받은 코끼리들의 보호소 코끼리자연공원
- 멕시코 해변의 바다거북 캠프
- 바르셀로나에서 사라진 투우
- 동물을 생각하는 여행자를 위한 조언

# 학대받은 코끼리들의 보호소
## 코끼리자연공원

태국은 일 년 열두 달 세계 곳곳에서 몰려든 여행자들로 시끌벅적한 나라다. 풍요로운 자연환경에 식성이 까다로운 사람들도 맛있게 먹을 수 있는 가벼운 가격의 음식들… 그런 매력이 많은 여행자를 태국에 오래오래 머물게 한다. 우리나라에서도 태국 여행은 성황이다. 커다란 배낭 하나 짊어지고 지도를 뒤적이며 길거리를 방황하는 배낭 여행자부터 여행사의 효도 관광에 참여한 어르신까지, 태국을 방문하는 한국인은 각양각색이다. 나는 외국 여행에 관심이 많아서 한푼 두푼 모아둔 쌈짓돈을 탈탈 털어 떠날 곳을 찾아보곤 했지만, 태국은 그다지 관심이 없었다. 태국 하면 사람들이 타고 다니는 코끼리가 생각날 뿐이었다.

## 감춰진 코끼리 트래킹의 뒷면

그랬던 나에게 태국에 가보고 싶은 계기가 생겼다. 2008년 KBS TV에서 방송한 다큐멘터리 <코끼리 엄마 렉, 지금 숲으로 갑니다> 때문이었다. 그 프로그램에서 나는 트래킹 코끼리들의 비참한 일상을 보았다. 코끼리 엄마로 불리는 렉이라는 여성이 다치고 학대받는 코끼리들을 보호하기 위해 그의 삶을 바치고 있었다.

태국의 대표적 관광 상품인 '코끼리 트래킹'은 동네 꼬마도 알고 있을 정도로 유명하다. 덩치 큰 코끼리 등 위에 보통 2명의 관광객을 태우고 다니는 것 말이다. 관광객들 앞, 그러니까 코끼리의 머리 부근엔 조련사가 앉아서 코끼리를 조종한다. 동물을 좋아하는 나로서는 그 모습이 좋아 보이지는 않았지만 그렇다고 딱히 불쌍해 보이는 것도 아니었다. 코끼리는 엄청나게 튼튼해 보였으니까.

렉은 나처럼 뭘 모르는 사람들에게 아픈 현실을 보여주었다. 트래킹의 코끼리와 쇼에 동원되는 코끼리는 하는 일만 다를 뿐 길드는 과정과 다뤄지는 방법은 똑같다. 새끼 코끼리를 어미에게서 강제로 떼어내는 '타잔 의식'을 견디고 살아남은 코끼리들에게 쇼든 트래킹이든 할 일을 주는 것이다.

때로는 깊은 숲 속에서 벌채한 통나무를 옮기는 일에도 코끼리가 이용된다. 그래서인지 태국에서 코끼리는 아주 값비싼 재산이다. 부자가 아니라면 코끼리를 가지기 힘들다. 알고 보니 코끼리 조련사들은 실제 주인이 아니라 코끼리 주인에게 임대료를 내고 코끼리를 빌린 사람들이었다. 조련사들은 코끼리 임대료를 내며 근근이 돈을 벌고 있는 형편이다 보니 때론 잘못을 저지르기도 한다. 거친 조련사를 만나기라도 하면 코끼리에게 엄청난 시련이 찾아온다. 코끼리가 병에 걸려 아픈데도 트래킹에 동원한다거나, 자기 말을 잘 듣지 않으면 '따거'라는 날카로운 갈고리로 코끼리의 귀와 머리를 심하게 찌를 때도 있다.

렉은 가진 돈을 몽땅 털어 코끼리자연공원을 세우고 학대받는 코끼리들을 사들였다. 20년 동안 통나무를 나르다 등뼈가 내려앉았는데도 계속 노동에 시달렸던 '메도', 벌목하다 지뢰 폭발로 한쪽 발을 잃자 도심에서 구걸을 강요받았던 '말라이통', 자기 새끼가 죽는 걸 보고 반항하다 두 눈을 잃은 '조기아'도 렉의 눈에 띄어 이곳으로 구조되었다. 지금은 낯선 여행자의 방문도 스스럼없이 반기는 그들이지만 구조 당시에는 사람에 대한 분노로 가득해 친해지기 힘들었다고 한다.


## 코끼리를 도우러 떠나는 여행


렉은 조련사만 탓하지 않았다. 열악한 부족 마을에서 태어나 자란 조련사들의 어려운 형편을 누구보다 잘 알기 때문이다. 렉은 눈 코 뜰 새 없이 바쁜 일정 가운데서도 한 달에 한 번 고산족 마을을 방문해 의료봉사 활동을 펼치고 있었다. 앞으로 십중팔구 조련사라는 직업을 갖게 될 아이

코끼리자연공원 자원 활동 기념사진

들과 마을 사람들에게 코끼리를 친절히 다루어 달라고 신신당부하면서.

코끼리자연공원은 환경이나 동물을 소재로 하는 전 세계 방송사에서 취재를 많이 해간다. 그 덕에 세계 곳곳에서 온 여행자들의 발길이 끊이지 않는다. 코끼리 트래킹 대신 이곳을 선택한 여행자들은 흔쾌히 입장료를 내고 코끼리들과 인사를 나눈다.

코끼리자연공원에서는 코끼리 등에만 올라타지 못할 뿐, 코끼리에게 먹이를 주거나 강가에서 목욕을 시키는 등의 체험을 할 수 있다. 코끼리와 사람이 함께 즐거운 놀이다. 여기서도 코끼리를 통제하는 조련사들이 있긴 하지만 날카로운 도구는 사용하지 않는다. 코끼리의 본성을 거스르는 강제적인 행위가 없으니까 부드럽게 다뤄도 충분히 말을 잘 듣는다고 한다.

자연공원에서는 자원 활동의 문을 활짝 열어 놓았다. 잠깐 코끼리를 보러 왔다가 며칠 더 머물며 자원 활동을 하는 청년도 있고 처음부터 머나먼 나라에서 일부러 찾아온 어르신도 있다. 자원 활동가들은 이곳에서 공짜로 지내지 않는다. 숙박비와 식비를 낸다. 대신 정해진 시간에 억지로 일할 필요는 없다. 자기가 일하고 싶은 시간대에 원하는 업무에 지원해서 활동하면 된다.

방송을 보고 있으려니 나도 당장 자원 활동에 참여하고 싶어 몸이 들썩거렸다. 바로 방으로 달려가 코끼리자연공원 홈페이지를 찾아봤다. 나는 영문으로 된 홈페이지에서 숙박 예약을 하기 위해 먼지 쌓인 영어사전을 꺼내 들었다.

'좋았어, 이번 여름 휴가는 코끼리자연공원으로 가 보는 거야.'


## 아이들에게 이런 쇼를 보여주지 마세요!

그리하여 2008년 여름, 나는 태국 치앙마이에 있는 코끼리자연공원을 찾아갔다. 내가 방문했을 땐 코끼리가 모두 36마리였는데 덩치 큰 동물이다 보니 이것저것 할 일이 끊이지 않았다. 나는 3박 4일을 머물며 틈틈이 자원 활동에 참여하면서 이곳 코끼리들을 모두 만났다.

등뼈가 무너진 메도가 힘겹게 지나갈 때는 그 뒷모습에서 한동안 눈을 떼기 어려웠다. 그래도 이곳에 구조되어 걱정 없이 살게 되었으니 참 다행이었다. 넓은 풀밭 한가운데에는 두 눈을 잃은 조기아가 있었는데 조기아의 곁에는 늘 다른 코끼리 한 마리가 따라다녔다.

"저렇게 늘 함께 다녀요. 눈먼 조기아를 챙겨주는 기특한 친구랍니다."

관리자인 미셸 아주머니가 웃으며 설명해 주었다. 그야말로 동화나 만화로 그리면 좋을 진짜 코끼리 이야기 아닌가!

그러고 보니 서커스단의 새끼 코끼리 덤보가 주인공으로 나오는 그림책의 내용은 한참 잘못됐다. 큰 귀를 펄럭이며 서커스장에서 엄마와 재회하는 행복한 결말은 처음부터 불가능한 설정이었다.

태국 여행을 준비하는 모든 이들에게 부탁한다. 출발 5분 전이라도 인터넷에서 '태국 코끼리 학대'를 검색해 보기를. 당장 서커스장을 탈출해 코끼리자연공원으로 날아가려는 새끼 코끼리 덤보를 상상하게 될 것이다.

2012년 겨울에 반가운 손님이 제주도를 방문했다. 바로 코끼리 엄마 렉. 우리나라의 동물보호단체와 함께 제주도에서 행해지는 코끼리 쇼를 관찰하기 위해서 온 것이다. 쇼 코끼리의 구석구석을 살펴보고 기록하던 렉은 작은 목소리로 속삭였다.

"… 끔찍해요."

코끼리들은 날카로운 고리에 찔리며 고난도의 연기를 선보이고 있었다. 쇼가 끝나자 렉은 차분하게 말했다.

"책임감 있는 어른이라면 아이들에게 이런 쇼를 보여주지 마세요. 우리가 낸 돈은 동물을 다시 사들이는 데 쓰일 겁니다."

조금은 위안이 되는 소식도 있다. 2015년 초, 코끼리자연공원을 다녀온 한 블로거에 따르면 형식적이나마 코끼리자연공원을 흉내 내는 관광 상품도 생겼다고 한다. 자칫 코끼리자연공원과 같은 곳으로 착각할 수도 있으니 조심해야겠지만, 코끼리 조련의 문제점을 인식하고 있는 여행객들이 늘어났다는 방증이기도 하리라.

# '렉'과의 짧지만 인상 깊었던 인터뷰

치앙마이에 도착한 날 늦은 밤 코끼리자연공원 사무실에서 렉을 만났다. 렉은 바삐 업무를 보고 있었지만 어리숙한 모습으로 등장한 나에게 환한 웃음을 보여 주었다. "반가워요!" 하면서.

 안녕하세요, 렉. 한국 TV에서 당신의 활동을 인상 깊게 봤습니다. 코끼리자연공원은 어떻게 탄생하게 되었나요?

"코끼리자연공원은 '정글 래프트'라는 관광지를 운영하던 친구가 급작스럽게 세상을 떠나면서 시작되었습니다. 갈 곳이 없어진 정글 래프트의 코끼리들을 위해 작은 규모의 코끼리자연공원을 급히 조성했거든요. 제 재산으로요. 후에 세렝게티 재단Bert Van Roemer 씨의 후원으로 지금의 넓은 땅을 살 수 있었습니다. 정부의 도움은 전혀 없습니다. 코끼리도 공원도 100% 우리 소유입니다. 정부가 일부 도움을 줬다는 소문이 있지만 잘못된 거예요."

 그렇다면 태국 왕실 소속의 '태국 코끼리 보호센터'는 어떤 곳인가요? 한국 인터넷에서 '태국 코끼리 보호'로 쉽게 검색되던데요.

"'람빵'에 있는 보호소를 말씀하시는 거군요. 벌목 회사와 정부가 반씩 소유하고 있죠. 그 안에 코끼리 병원 시설이 있긴 한데, 그곳의 코끼리들은 늘 쇼와 트래킹에 동원되고 있습니다. 심지어 코끼리 오케스트라까지 있어요. '파잔' 의식도 보호소에서 합니다. 자유가 없어요. 보호소가 아닌 훈련소에 가깝습니다. 태국 정부는 1989년부터 '눈부신 태국Amazing Thailand'라는 이름을 내걸고 코끼리 관광산업을 본격화했어요. 벌목에 동원되던 코끼리들은 관광 상품화되었고, 코끼리 쇼가 엄청나게 증가했죠.

 앞으로의 꿈을 말씀해 주세요.

"공원을 더 넓게 확장하고 싶습니다. 많은 분이 방문할 수 있도록 지금 숙박 시설도 더 짓는 중이에요. 그리고 인도 벵갈루루 지역에 이곳과 똑같은 시설을 만들 계획입니다. 운영은 인도에서 하고요. 코끼리는 1km 이상 떨어진 거리에서도 초음파 텔레파시로 대화할 수 있는데, 저는 그 파동으로 물잔이 흔들리는 현상을 경험했죠. 이 멋진 동물이 돌아갈 수 있는 야생의 숲을 회복하는 것, 코끼리자연공원이 꿈꾸는 내일입니다."

 카쿤캅, 고맙습니다. 내일부터 4일간의 자원활동이 기대돼요!

"카쿤카, 고맙습니다. 한국에 코끼리자연공원을 널리 알려 주세요."

* 치앙마이 '코끼리자연공원 Elephant Nature Park' www.elephantnaturepark.org
  209/2 Sridam Chai Road, Chiang Mai 50100, Thailand.
  +66(0)53 818754, 818932
* 태국어 통역은 KBS 수요기획 〈코끼리 엄마 렉, 지금 숲으로 갑니다〉 제작팀
  현지 안내자 김은환(필명: 외계사신) 님의 도움을 받았다.

# 멕시코 해변의 바다거북 캠프

"우와~ 우와~ 퀴 즈 탐 험 신 비 의 세 계. 우와~ 지 구 는 숨 을 쉰 다."

80년대 중반에 꼬박꼬박 챙겨보는 TV 프로그램이 있었다. 그 프로그램이 시작할 때 흘러나오던 노래는 지금도 가끔 흥얼거리며 따라 부르곤 한다. 거의 10년 동안 고정 시청자였으니 내가 본 것만 해도 수백 편에 달할 거다. 야생 동물들의 다채로운 모습을 보여주다가 사회자가 출연자들에게 갑작스러운 퀴즈를 던질 때면 우리 가족도 모두 흥미진진하게 문제를 맞춰 보았다. 내가 본 수백 편의 내용 가운데 가장 기억에 남는 동물을 골라본다면? 1초에 20번씩 발을 뛰어 걸어 물 위를 뛰어 걷는 바실리스크 도마뱀과 나이가 들수록 우락부락한 몸집을 갖게 되는 캥거루, 그리고 튼튼한 등껍질을 지닌 바다거북이다. 무엇보다 흥미로웠던 건 눈이 왕방울만 한 바다거북인데, 산란기가 되면 모래사장으로 올라와 뒷발을 이용해 깊은 구덩이를 판 다음 그 안에서 100개의 알을 낳는다고 한다.

## 바다거북이 멸종 위기에 내몰린 까닭

바다거북 새끼가 알을 깨고 밖으로 나올 때면 해변은 일대 장관을 이룬다. 알에서 갓 깨어난 수천 마리의 새끼 거북들이 일제히 바다를 향해 해변 위를 엉금엉금 기어간다. 보고 있으면 "힘내라!" 하는 응원이 절로 나온다.

그런데 어쩌나! 응원의 흥분이 가시기도 전에 바로 낮은 탄성이 나온다. 새끼 거북이 미처 바닷물에 발을 담그기도 전에 덩치 큰 바다 새에게 잡아먹히는 장면이 나오기 때문이다. 기적처럼 바다 속으로 도망친 몇 안 되는 새끼 거북도 사나운 상어의 이빨에 걸리면 허무하게 목숨을 잃는다.

새끼 거북이 불쌍해 보인다고 거북을 잡아먹으려는 새들과 상어를 쫓아낼 수는 없다. 자연의 생태계는 살아남은 거북이만으로도 충분히 멸종하지 않고 대대로 살아 갈 수 있도록 치밀하게 계획해 놓았다. 살아남아 어른이 된 거북이는 적어도 50년 넘게 장수하며 깊은 바다를 유유자적 누빌 테고, 다시 자기가 태어난 곳으로 돌아와 알을 낳을 것이다.

거북들은 알에서 깨어난 뒤 수백 수천km 떨어진 곳에서 살다가 정확하게 자신의 고향으로 돌아온다고 한다. 어떻게 그럴 수 있는지는 아무도 모른다. 과학자들도 풀지 못하는 수수께끼다.

그런데 자연의 계획은 인간에 의해 일순간 와르르 무너지고 말았다. 인간들은 바다거북을 고기로 조리하고, 단단한 가죽으로 장식품을 만들고, 심지어 통 박제로 만들어 거실에 걸어두기까지 했다. 우리나라에서도 한

때 박제된 바다거북이 흔한 장식품이었던 것으로 기억한다. 어릴적 내가 자주 놀러가던 이웃집에도 반질반질한 거북이 한 마리가 뚱하게 걸려 있었고, 난 그걸 멍하니 바라보곤 했다.

사람들이 눈에 불을 켜고 잡아들이기 시작하자 바다거북은 단숨에 멸종 위기로 내몰렸다. 심지어 알도 가만 두지 않았다. 모조리 거둬들여 조리하기에 바빴다. 여기에 사람들이 버린 바다 쓰레기까지 합세해 바다거북의 목숨을 앗아갔다. 거북들은 비닐과 플라스틱이 먹이인 줄 알고 삼켰다가 질식사하고, 어선에서 내버린 폐그물에 걸려 몸부림치다 죽기도 한다.

다행히 지금은 많은 나라에서 바다거북을 보호하기 위해 각별한 노력을 기울이고 있다. 바다거북을 잡았다간 처벌받는다. 모래 속에 묻어 놓은 알을 건드려서도 안 된다.

멕시코, 인도네시아, 말레이시아, 터키처럼 바다거북이 알을 많이 낳는 나라들에선 거북 산란장을 별도로 만들어 관리하고 있다. 사람이나 개와 같은 동물들이 알을 빼가지 못하도록 거북이 낳아둔 해변의 알들을 안전한 곳으로 옮겨 놓는 것이다.

거북이 알에서 깨어나 바다를 향해 걸어가는 장면은 그 자체로 훌륭한 관광 상품이 된다. 바다거북 산란장으로 유명한 나라 중에는 의외인 나라도 있다. 생각만 해도 뜨거운 사우디아라비아 바로 아래쪽에 있는 '오만'이다. 이곳 해변에는 세계에서 둘째가라면 서러울 만한 바다거북 집단 산란장이 있어서 많은 관광객들이 몰리고 있다.

## 떠나자, 바다거북 캠프로!

'알에서 갓 태어난 바다거북을 눈앞에서 볼 수 있다면 얼마나 좋을까, 영영 잊히지 않을 만큼 감동적일 텐데. 어미도 없이 혼자 알에서 깨어나 거친 바다를 홀로 견디고 헤쳐나가야 할 운명이 그 작은 존재에 있다니….'
내 머릿속엔 오매불망 바다거북 생각뿐이었다. 어떻게 하면 바다거북 보호 활동에 참여할 수 있을까하고 알아보던 중 방법을 찾았다. 와우! '국제워크캠프'라는, 주로 세계 곳곳의 20대 청년들이 짧게는 1주 길게는 3주 동안 자원 활동을 펼치며 저렴한 가격에 숙식을 제공받는 프로그램이다. 국제워크캠프 사무국을 찾으면 나라별로 다양하게 마련된 워크캠프들을 알려주고 지원자들이 잘 다녀올 수 있도록 세세한 부분을 챙겨준다. 워크캠프 중에도 인기가 많은 프로그램은 신청자가 많아 서둘러야 한다. 터키와 멕시코에서 운영하는 바다거북 워크캠프도 그중 하나다.
나는 2010년 8월에 있을 멕시코의 바다거북 워크캠프에 신청했다. 그때 나이가 서른세 살이었으니 보통 워크캠프에 어울리는 연령대에선 한참 벗어나 있었다. 그렇지만 망설이지 않았다. 20여 년 전 TV에서 보았던 바다거북을 만나기 위해서!

멕시코 해변의 작은 바닷가 마을. 8월의 바다거북 워크캠프에는 한국, 일본, 중국, 스페인에서 온 10명이 모여 2주간 의기투합했다. 텔레비전에서 봤던 것과는 좀 달랐다. 수십 마리의 바다거북이 한번에 우르르 몰려와

알을 낳고 가는 지역은 아니었다.

우리는 조를 정해서 한밤중에 두세 시간씩 해변을 순찰했다. 어미 거북들이 밤중에 간간이 찾아오기 때문이다. 어둠 속에서 바다거북 한 마리가 해변으로 올라오면 모두 바짝 긴장하고 그 뒤를 조심조심 따랐다. 희한하게도 거북이는 사람들을 전혀 개의치 않았다. 사람들이 옆에 있건 말건 마음에 드는 자리를 잡고 영차영차 모래를 파기 시작했다. 모래를 파는 바다거북의 뒷발은 한두 번 해본 솜씨가 아닌 듯 능숙했다. 그냥 모래를 파는 게 아니라 항아리 모양의 구덩이를 만들었다. 둥지를 만드는 거였다. 깊이는 60cm 정도였고 그 안에 70~100개 정도의 알을 천천히 낳았다. 우리는 숨을 죽이고 옆에서 기다렸다.

알을 다 낳은 거북은 둥지에 모래를 덮어 다독여 놓고는 유유히 바다로 사라졌다. 그제야 본격적으로 우리가 할 일이 시작된다. 거북이 만들어 놓은 둥지를 다시 파서 그 안의 알들을 조심조심 가방에 옮겨 담아 정확히 개수를 기록하고, 캠프장에서 만들어 놓은 산란장으로 이동한다. 산란장이라고 특별한 건 아니고 그냥 해변의 모래땅에 보호 울타리를 만들어 놓은 시설물이다.

우리는 산란장 안에 차례차례 줄을 맞춰 거북이가 만들었던 둥지를 똑같이 만들어야 했다. 맨손으로 모래를 파서 깊은 항아리 모양을 만드는 건데 쉬지 않고 하면 15분 정도 걸린다. 막상 해보니 보통 일이 아니었다. 기운이 쏙 빠졌다. 새삼 거북의 뒷발 힘이 대단하다는 생각이 들었다.

그 안에 거북이가 알을 낳았던 것처럼 하나하나 알을 집어넣고 토닥토닥

입구를 다독였다. 그다음 알의 개수와 그날의 날짜를 적어서 나무 막대기를 둥지 위에 꽂아 두었다. 이렇게 하고 나면 아무리 빨라도 30분이 훌쩍 넘는다. 다시 해변을 순찰하고 새로 둥지를 만들고, 이렇게 하기를 반복하다 보면 눈이 스르륵 감길 정도다. 어찌나 피곤하던지.

## 새끼 바다거북을 배웅하다

둥지에서 50일이 지나면 새끼 거북들이 알에서 깨어난다. 우리는 밤새 둥지를 만들고 잠깐 눈을 붙이고 나서, 아침에는 앞서 자원 활동가들이 만들어 둔 둥지에서 깨어난 거북이를 바다까지 배웅하곤 했다.

거북 보호 활동을 전문으로 하는 현지 활동가가 거북이 깨어났다고 알려주면 우리는 설레는 마음으로 부리나케 달려갔다. 오, 말랑말랑해 보이는 연약한 새끼들. 어떻게 스스로 껍질을 깨고 저리도 깊은 둥지를 헤치고 나오는 건지! 다행히 해변에는 새끼 거북을 노리는 덩치 큰 새들이 보이지 않았다. 새끼 거북을 산란장에서 해변으로 데리고 나간 다음에는 스스로 걸어가도록 모래 위에 가만히 놓아두었다.

먼발치의 파도 소리가 들렸던 걸까. 새끼들

> **국제워크캠프**
> **www.workcamp.org**
> 세계 각국에서 모인 청년들이 비영리 사회시설에서 함께 생활하며 자원 활동을 펼치는 캠프다. 자원 활동의 영역에는 '환경·개발·평화·건축·교육' 등이 있고, 캠프 프로그램이 있는 나라는 70개국에 달한다. 참가를 원한다면 희망하는 캠프 프로그램을 선택해서 온라인으로 신청서를 제출하고, 국제 워크 캠프 사무국에 참가비용을 입금하면 된다. 참가비는 지역마다 차이가 있다.

은 한 치의 망설임도 없이 바다를 향해 갔다. 바다에 가까워서는 밀물에 밀려 수차례 나뒹굴면서도 다시 일어서서 걸음을 재촉했다. 우리는 묵묵히 그 모습을 바라보며 마음을 졸일 뿐이었다. 힘들어 보인다고 새끼 거북을 바다에 바로 놓아주면 그 거북은 자신의 고향을 기억하지 못한다고 한다. 모래 위에 총총 흔적을 남기고 바다로 들어가야만 다시 그곳을 찾아올 것이다.

야생동물은 인간에게서 자유로워야 아름답다. 우리는 멸종위기에 놓여 있는 야생동물을 보호하면서도 간섭은 최소화하도록 노력해야 한다. 단지 보호를 위해 잠시 인간의 손길 안에 머무는 동안만큼은 동물복지의 적용이 필요하다.

갓 부화한 거북들을 조심조심 해변으로 옮기고, 바다로 가는 그들을 배웅하는 짧은 여정 동안 주변에서 어슬렁거리는 개들에게 물려가지 않도록 묵묵히 지켜봐 주는 행동… 이 모두가 동물복지의 원칙이 아닐까.

아, 우리나라에도 바다거북이 살고 있다. 2013년 제주도에서 바다 그물에 걸려 구조되었다가 다음 날 방류된 푸른바다거북은 나이가 무려 3백 살로 추정되었다. 조선 시대 숙종 임금 즈음에 태어난 거북이다. 한편 해양환경공단은 2013년에 바다거북 증식 연구를 시작했다. 2017년부터는 인공으로 부화한 바다거북을 매년 바다에 풀어주는 자연방류 행사를 제주도에서 진행할 예정이라고 하니, 바다거북을 만나고 싶은 사람은 소식에 귀 기울이고 있으시라!

# 바르셀로나에서
## 사라진 투우

언제부터인가 나는 대안적인 생활을 실천하는 세계의 사람들을 직접 만나보고 싶었다. 분쟁의 위험 속에서도 랩을 멈추지 않는 팔레스타인의 힙합 그룹이라든가, 도시 골목에서 아깝게 버려진 포장 음식물을 거둬들이는 뉴욕의 프리건freegan, 영어보다 평등한 국제어인 에스페란토Esperanto를 사용하며 해마다 축제를 벌이는 사람들 같은. 유명한 관광지보다는 재미있고 씩씩한 사람들을 만나고, 그곳에서 의미 있는 활동에 동참하면서, 기나 긴 여행을 해보고 싶었다.

2008년부터 나는 여행하고 싶은 곳과 만나고 싶은 사람들 이야기와 정보를 차곡차곡 모으며 여행 준비를 해나갔다. 팔레스타인의 올리브 추수 축제, 미국 뉴욕시의 프리건 모임, 쿠바의 에스페란토 대회, 멕시코의 바다거북 캠프, 아프리카 케냐의 뿌리와 새싹 운동 등 굵직한 틀은 정해졌다. 멕시코나 아프리카는 정보가 많지 않아서 살짝 걱정도 됐지만, 여행에서 만날 사람들이 새로운 길을 열어 줄 거라는 기대가 있었다. 그리하여 2009년 6월, 나는 다니던 직장을 그만두고 1년 여정의 세계 여행길에 나섰다.

## 바르셀로나에서 금지된 투우 경기

예상치 못했던 일은 첫 도착지 프랑스에서 일어났다. 유럽 여러 나라 국경을 넘나들 교통수단으로 장거리 버스 15일 이용권을 샀는데 문제가 있었다. 저렴해서 예산을 대폭 줄일 수는 있었지만, 버스 이용 규칙이 좀 황당했던 거다. 같은 나라 안에서는 두 도시를 연달아 목적지로 삼을 수 없다는 것.

프랑스에서 방문할 도시는 파리와 툴루즈 두 도시였는데, 이 버스를 타고 파리에서 툴루즈로 가려면 일단 거기서 가장 가까운 나라 스페인에서 내렸다가 다시 프랑스로 들어와야 했다. 빡빡한 예산 때문에 스페인 방문 계획은 없었지만 이왕 그렇게 된 거 프랑스에 인접한 바르셀로나를 구경하기로 했다. 그렇게 얻은 스페인에서의 하루. 하루 동안 뭘 해야 하나?

일단 목적 없이 아무 데나 누비기로 했다. 관광 명소 보다 사람들의 일상과 시간이 겹겹이 쌓인 거리를 구경하는 게 더 즐거웠다. 그날 오후 나는 작은 상점들이 연이어 있는 좁은 뒷골목을 정처 없이 헤매다가 거리의 악사들을 만났다.

얼마나 지났을까, 한창 흥겨운 재즈를 연주하는 그들의 공연에 빠져들다 문득 신문에서 종종 보았던 스페인에서의 투우 반대 시위 모습이 떠올랐다. 얼굴에 알록달록 페인트를 칠하기도 하고 피켓을 만들어 들고 서서 항의하는 사람들 말이다.

느지막한 시간이 되어 터벅터벅 투우장을 찾아갔다. 그곳엔 투우를 반대하는 노래를 부르고 춤을 추는 예술가도 있지 않을까? 기대하면서 걷다 보니 나도 모르게 조금 설렜다. 그곳 사람들은 투우를 반대하는 목소리에 어떻게 반응할지 궁금했고 그 목소리에 응원을 더하고 싶었다.

내 예상은 빗나갔다. 투우장 주변은 마치 시간이 멈춰버린 듯 고요했다. 뭔가 썰렁한 기운마저 감돌았다. 그날은 경기가 없는 듯했다. 나는 투우장의 높고 낡은 벽을 빙 둘러가며 무언가를 찾으려 애썼지만 눈에 띄는 건 없었다.

돌아서 나오려던 찰나, 표를 파는 작은 창구 앞에 검정 글씨로 반듯하게 찍혀있는 '고문의 공범자가 되지 마시오'라는 영어 문장이 나를 붙들었다. 저건 뭐지? 투우를 반대하기 위해 흩뿌렸던 건가? 군데군데 묻어있는 붉은색 페인트들은 색이 바랠 대로 바래서 사진을 찍어도 잘 보이지 않았다.

"반대하는 사람들이 별로 없나? 여기에서 소를 마구 괴롭힐 거 아니냐. 관중들은 함성을 지르고…."

난 어정쩡한 기분으로 자리를 뜨며 혼자 중얼거렸다. 하지만 그건 오해였다. 여행을 다녀오고 한참이 지나서야 투우장이 그토록 잠잠했던 이유를 알게 되었다.

안티 투우 선언 도시, 바르셀로나

구엘공원

더 이상의 경기는 없습니다.

카사밀라

투우 경기장

아그바 타워

카탈라나 음악당

후안 미로 광장

피카소 미술관

구엘 저택

지중해

## 고문의 공범자가 되지 말자

두둥! 기분 좋은 소식. 바르셀로나는 2004년에 투우를 금지하기로 선언했단다. 내가 어슬렁거렸던 낡은 투우장은 이미 문을 닫은 지 오래였다. 그런 줄도 모르고 바르셀로나에서의 하루를 투우 생각에 불편해했다니, 바보가 된 듯했다. 스페인 하면 투우와 탱고 이 두 가지에만 익숙해 있다 보니 투우가 금지된 사실을 전혀 짐작할 수 없었다.

바르셀로나에서는 투우를 금지하는 법률이 2004년 3월에 통과되었다. 그 후에도 경기를 고수했던 투우장이 하나 있었지만 그곳 역시 2011년 9월 25일 마지막 경기를 치렀다. 이른바 예술적인 스포츠라는 명성도 동물복지라는 보편적인 가치 앞에선 허물어지고 말았다. 바르셀로나가 속해 있는 스페인의 자치주 카탈루냐 또한 2012년부터 투우를 금지한다고 해서 큰 화제였다. 카탈루냐 의회는 투우가 시대에 뒤떨어지는 야만적인 스포츠라며 폐지를 요구하는 18만여 명의 서명에 기꺼이 동의했다고 한다. 투우를 금지하기 위해 20년 넘도록 줄기차게 노력해온 이들은 연이은 승리에 환호했다. 이제는 스페인 여행 안내서에도 이런 사실을 정확히 알려야 할 테다. 투우를 반대하는 스페인 사람에게 "투우 경기를 즐기세요?"라고 물었다간 민망해질 수 있을 테니까. 혹은 나처럼 쓸데없는 걱정으로 그곳에서 불편할 여행자도 있을 수 있고. 2006년 12월, 스페인의 주요 일간지 <엘 빠이스 El País>의 설문조사에선 응답자의 72%가 투우에 전혀 관심이 없다고 답했다. 2007년부터 4년 동안 스페인에서 벌어진 투우

경기 수는 34% 나 줄어들었다. 만약 전통문화 명목의 정부 보조금을 지원받지 못하게 된다면, 그 명맥은 유지되기 힘든 상황이다.

2015년 4월, 스페인의 한 투우경기장을 다녀온 인터넷신문의 기자는 투우 반대 시위자들과 투우 관람객들 사이에 느껴지는 팽팽한 긴장감을 기사로 전했다. 투우 시즌이 시작되면 한 지역에서만 최소 1백 마리 이상의 소들이 연이어 희생된다. '고문은 문화가 아니다'라는 투우반대모임은 영화 촬영을 위해 투우를 실연한 영화제작진을 동물학대 혐의로 고발해 스페인 지방 법원의 승소를 받아낸 적도 있다. 정식으로 열리는 투우는 합법일지라도, 촬영을 위해 일부러 투우를 실연한 것은 동물보호법에 따라 잔인한 고통을 유발하는 행위로 볼 수 있기 때문이다. 이 영화는 2013년 아카데미 시상식에서 외국어 부문 후보에 올랐던 꽤 유명한 작품이다. 제아무리 작품성이 뛰어나도 촬영 과정에서 동물학대가 발생했다면 윤리적 비난은 피할 수 없다.


## 자랑할 수 있는 민속경기를 만들자


투우는 이렇게 스페인에서 저물어가고 있는데 우리나라에는 오히려 스페인 투우의 관광 상품화를 본받아야 한다는 황당한 의견이 있었다. 몇몇 지방자치단체에서 민속경기로 알려진 소싸움 경기를 대대적으로 홍보하면서 스페인의 투우를 즐겨 거론한 것이다. 물론 투우의 잔인함을 몰라서 한 얘기는 아닐 테고, 투우처럼 유명한 경기가 되고자 해서 내세운 얘기일 테지만.

소싸움은 투우처럼 잔인하지는 않다. 두 마리의 소가 씨름판으로 들어와 이마를 맞부딪히고 서로 밀어붙이다 한쪽이 줄행랑을 치면 끝이 나는 단순한 경기다. 몇 분 만에 판가름이 나는 경우도 허다하다. 하지만 싸움이 길어지면 두 소는 쓰러질 듯 휘청거리며 이마는 피로 물들어간다. 동물복지를 마음에 둔 사람들이 보기엔 상당히 불편한 광경이다.

소싸움을 옹호하는 입장에선 그다지 폭력적이지 않은 민속경기일 뿐이라고 이야기한다. 게다가 잘하면 도축되지 않고 대접받으며 오래 살 기회가 주어지니, 소에게도 좋은 일이라고도 말한다. 이마의 상처는 약을 바르면 금방 아문다니 나름대로 설득력이 있다.

그래도 말이다. 온순한 소를 억지로 싸움 붙여놓고 그걸 즐기는 사람들의 모습은 펄 벅이 보았던 우리나라의 아름다운 정서와는 거리가 멀다. 소싸움을 홍보하더라도 스페인의 투우와 비교하는 건 옳지 않다. 비록 싸움이긴 하지만 한국인은 소를 많이 아끼고 배려한다는 점을 부각한다면 또 모를까.

혹시 소싸움의 취지라던가 내가 잘 모르고 오해한 부분이 있을지도 모른다는 생각이 들어 소싸움을 주관하는 지방공사(지방자치단체가 법인을 만들어 운영하는 지방 공기업) 홈페이지를 방문해 보았다. 거기에는 '소싸움의 특성'을 이렇게 소개하고 있었다.

"사람은 피를 보면 흥분한다는 이론이 접목되는 격렬한 경기가 소싸움이다. 최근 젊은이들 사이엔 이종격투기가 상당히 인기가 높은데, 갈수록 폭력적으로 변해가는 세태를 반영한다면, 소싸움은 반드시 피를 보게 되므로 상당한 인기를 얻을 수 있을 것이다."

앗! 홈페이지에 있는 설명은 내 눈을 의심케 했다. 소싸움 홍보를 목적으로 대중들에게 내놓을 말은 절대 아니다. 추측하건대 아마 사업계획서 같은 곳에 써넣었던 문장을 실수로 붙여 넣은 것이리라.

민속경기는 반드시 미풍양속의 정서를 담고 있어야 하는 법이다. 소싸움은 민속경기로 우대되어 지방자치단체의 지원을 받는다. 동물보호법에서는 '도박·광고·오락·유흥 등의 목적으로 동물에게 상해를 입히는 행위를 금지한다'는 내용이 있는데, 민속경기 등은 제외한다는 예외 사항이 있어서 소싸움이 허가된 것이다. 반면 제주의 관광 상품으로 주목을 받았던 '말싸움 놀이'는 2008년에 개정된 동물보호법에 저촉되어 닭싸움, 개싸움 등과 함께 금지되었다. 새로운 수익을 만들려고 노력하는 농민들의 고초를 모르는 바는 아니다. 그러나 민속경기라면 세계에 내놓아도 자랑할 수 있는 면모가 있어야 한다. 나라와 국민들의 품격을 위해서라도 '동물보호와 복지'라는 세계의 관심과 정서를 잘 이해할 필요가 있다.

대문호 펄 벅이 칭송했던 농부의 마음은 어디로 간 걸까. 달구지에 올라타지 않고 소와 걸음을 맞추던 그 농부가 그립다. 바르셀로나에서 투우가 금지된 것만 봐도 동물에게 친절하지 않은 관광 상품은 점차 사라질 운명이다. 소싸움을 비롯해 말싸움 놀이, 민속 투계 등을 옹호하는 분들은 이 점을 곰곰이 생각해 보았으면 한다.

# 동물을 생각하는 여행자를 위한 조언

"한 국가의 위대함, 그리고 도덕적 수준은 그 나라의 동물을 어떻게 대하는가를 보면 알 수 있다."

일찍이 간디는 이런 의미심장한 말을 남겼다. 동물에 대한 감수성은 곧 인간에 대한 감수성 아닐까. 동물들과 일상적으로 접촉하면서 사는 지금, 동물은 우리의 정신적·육체적 건강과도 밀접하게 연관되어 있다. 우리가 인간답게 잘 살기 위해서는 동물도 잘 살 수 있도록 일상적으로 배려해야 한다. 여행길에서도 마찬가지다. 동물을 생각하는 여행자라면, 여행하다가 동물이 눈앞에서 괴로움을 당하고 있을 때 어떻게 대처해야 좋을지, 적절한 대처 방안은 무엇일지… 미리 생각해 봐야 한다. 자신의 현명한 판단과 행동으로 동물을 도울 수 있다면 다행스러운 일이고 스스로에게도 위안이 될 것이다. 여기 한 대안 학교 학생들의 훈훈한 이야기가 있다.

## 안경원숭이의 잠을 방해하는 사람들

2007년 11월 필리핀의 보홀 관광청 앞에서 한 무리 한국 청소년들이 시위를 펼치고 있었다. 필리핀의 공정 여행 프로그램에 참여 중인 한국의 대안 학교 학생들이었다. 그들은 보홀의 명물인 안경원숭이 타쉬에르 Tarsier를 손수 그려 넣은 현수막을 들고서 이렇게 외치고 있었다.

"타쉬에르에게 잠을! 타쉬에르에게 잠을!"

타쉬에르는 주먹만 한 크기의 민감한 야행성 원숭이인데, 낮에 방문하는 관광객들이 사진을 찍어대는 바람에 괴로움을 겪고 있었다. 관광업자들이 빈약한 나무 몇 그루에 타쉬에르 여러 마리를 데려다 놓고 관광객들을 불러 모아 만져보게 하고 사진을 찍게 하는 것이다. 꾸벅꾸벅 졸고 있는 타쉬에르는 관광객의 손길에 깜짝 놀랄뿐더러 어떨 땐 눈앞에서 터지

는 플래시에 그대로 노출되기도 한다.

학생들은 공정 여행 프로그램에 참여하고 있었지만 딱히 타쉬에르에 대해 공부한 건 아니었다. 그저 우연히 타쉬에르를 만났을 뿐인데, 상황이 심각하다는 걸 한눈에 알아차렸다. 학생들은 그 자리에서 즉석 토론을 벌이고 저마다 자신들이 목격한 광경과 타쉬에르 복지에 대한 의견과 요청 사항을 정리했다. 많은 사람에게 알리기 위해 타쉬에르 퍼포먼스도 펼쳤다.

보홀을 떠나기 전 학생들은 타쉬에르 복지에 대한 청원서를 보홀 관광청에 공손하게 전달했다. 보홀 관광청은 한국 청소년들의 따뜻한 마음과 행동에 감동해 청원서를 받아들이고 감사의 인사를 전했다고 한다. 올바른 생각을 '지금 바로' 행동으로 옮기는 것! 이 얼마나 의미 있는 일인가. 지금쯤 그 학생들은 감수성 풍부한 멋진 청년이 되어 있으리라.

## 변화를 위한 한 걸음

때로는 따뜻한 말 한마디가 동물을 학대하는 사람을 변화시킬 수도 있다. 코끼리를 심하게 다루는 조련사를 보았다면 조심히 다가가 이야기를 건네 보아야 한다. 상대방에게 관심을 가지고 그의 형편을 이해하면서 동물에게 다정히 대해 줬으면 좋겠다는 의견을 정중히 전해보자. 한국에선 전통적으로 동물이 은혜를 갚는다는 이야기가 많이 전해진다거나, 동물에게 따뜻한 사람은 복을 받는다고 말해보는 것이다.

물론 여행하면서 이런 식으로 행동하기란 쉽지 않은 일이다. 동물에게 친절을 베풀어 달라는 말이 통하기는커녕 다가서기조차 살벌한 상황도 있다. 가장 일반적인 요령은 복지가 형편없는 동물을 발견한 즉시, 날짜·시간·장소·유형 등을 꼼꼼히 기록해 두었다가 적절한 기관이나 단체에 알리는 것이다. 지역 경찰이나 동물보호단체, 여행사 등에 문의 하면 된다. 사진이나 영상을 찍어 둔다면 확실한 증거물이 되어 더욱 효과적이다.

영국 런던을 비롯해 세계 유명 도시를 방문할 기회가 생긴다면, 동물보호 활동을 후원하는 자선 재사용 가게에 들러 봐도 좋겠다. 쓰지 않는 깨끗한 물건을 기증받아 되파는 가게라서 운이 좋으면 아주 저렴한 가격에 멋진 기념품을 살 수도 있다.

특이한 경우이긴 하지만 태국 치앙마이에는 '코끼리자연공원'을 후원하는 고급 채식 식당이 있다. 식당의 이름은 '천국의 맛'이다. 그 표현만큼이나 최고의 음식을 선보이는 곳인데 먹는 내내 감탄을 멈출 수 없었다. 게다가 코끼리까지 도울 수 있다니! 그야말로 천국의 기분을 만끽할 수 있는 식당이었다.

우리나라에도 동물을 돕는 재미난 가게가 있을까?

동물보호단체 '카라'는 입양 카페 '아름품'과 동물 관련 도서를 모아놓은 '생명공감 쿵쿵 도서관'을 운영하고 있다. 쿵쿵 도서관에는 건강 악화로 구조되었다가 이곳에 눌러살게 된 고양이 무쇠와 알식이가 방문자를 맞이한다. 고양이 사서를 만나고 싶다면 꼭 방문해 보시길. 반려견 행동 전문가 강형욱 등 동물 관련 전문가들의 강연이 틈틈이 열리기도 했다.

# 품격 있는 사회를 위해
# 우리가 알아야 할 것

내 노트북에는 항상 동물 사진이 가득하다. 신나게 힙합 음악을 듣다가도 갑자기 이렇게 말하는 친구들이 있기 때문이다.

"선생님, 동물 사진 좀 더 보여주세요."

전국 곳곳에서 '랩으로 인문학 하기' 수업을 진행하면서 나는 동물을 향한 청소년들의 관심과 애정이 얼마나 큰지 알게 되었다. 아름다운 야생 동물 사진을 보여주고, 서로 다른 종의 동물이 애틋한 사연으로 친해지게 된 이야기를 해 줄 때면 도통 무관심한 태도를 보이던 청소년들도 그 모습에 매료되어 눈빛이 깊어지곤 했다.

그래, 지금 여기에서부터 동물을 생각하는 마음을 갖게 한다면 미래는 달라지겠지.

캐나다의 심리학자들은 과학적인 실험을 통해 사람과 동물이 아주 다르다고 굳게 믿는 사람일수록 자신과 다른 이민자에 대한 편견도 깊다는 사실을 밝혔다고 한다.

당연하다. 동물을 존중하는 정서는 사람에 대한 차별 의식을 줄어들게 한다는 건 굳이 실험하지 않아도 짐작해 볼 수 있지 않을까.

나는 희망한다. 동물의 아름다운 능력을 우리 모두가 알게 되기를. 동물 복지가 초등학교에서부터 가르치는 기본적인 상식이 되기를.

책을 준비할 때부터 책 속 주제들을 함께 토론하고, 필요한 자료들을 수시로 찾아주며 여러 질문에 정성껏 답해 준 성연지(호주 시드니대학교 수의학과) 님 고맙습니다.

# 1991~2016
# 대한민국 동물보호법 변천사

대한민국에선 2010년 11월, 매우 끔찍한 일이 있었다. 348만 마리에 이르는 농장동물들이 전염병 예방을 이유로 한 번에 죽임을 당한 사건이었다. 어차피 도축될 운명의 동물들이었지만, 그 과정이 무자비하기 이를 데 없어 사람들은 울분에 휩싸였다. 특히 엄청난 수의 돼지들이 산 채로 흙구덩이에 묻혀 버렸다. 엄연한 불법이었다. 동물을 죽이는 경우엔 고통을 최소화해야 한다는 동물보호법 제10조가 있기 때문이다. 정부는 긴급하다는 핑계로 동물보호법을 지키지 않았지만, 시간과 돈을 절약하기 위한 이유가 더 컸을 것이다. 돼지 처분에 동원되었던 사람들은 처참한 광경 앞에 정신적인 충격을 감당해야만 했다.

한국의 동물보호법은 1991년에 처음 제정되었다. 1988년 서울 올림픽이 계기였다. 국제적인 행사를 치른 나라에 대한 평판은 과히 좋지 않았다. 아시아의 동물 학대국이라는 말까지 나돌 정도였다. 정부가 서둘러 법을 만든 것까진 좋았으나 내용은 빈약했다. 눈앞에서 동물학대를 목격하고 신고를 해도 미미한 벌금형이 전부였다. 동물을 법적으로 보호하기란 불가능했다.

이 빈약한 동물보호법은 무려 16년이 지난 2007년에서야 보호법에 어울릴만한 개정을 맞
이했다. 오랜 시간을 기다린 만큼 의미 있는 변화가 있었다. 개정된 법은 동물을 싸움시키
는 투견과 투계 등을 금지했고, 관광 상품으로 인기였던 제주도의 말싸움 놀이를 중지시켰
다. 동물학대에 대한 처벌을 한층 강화하면서 농장동물의 고통을 줄여주려는 지침 또한 희
미하게나마 내비쳤다. 하지만 개정된 법은 여러모로 허술했다. 흉흉한 동물학대 범죄자를
제대로 단속하기 힘들었다. 동물 학대범에게 최대 벌금형을 선고한다 할지라도 여전히 동
물을 학대한 사람한테서 벗어나게 할 근거가 없었다. 이러다 보니 동물보호가들은 학대범
에게 적지 않은 돈을 주고 사오는 황당한 방법으로 동물을 구조해야 했다.

다행히 동물보호법 개정에 불이 붙기 시작했다. 동물보호가들의 지난한 노력은 물론이고,
다양한 사연의 동물들을 주인공으로 내세운 방송 프로그램 또한 크게 도움이 되었다. 동물
의 아픔과 기쁨에 울고 웃는 국민들 덕분에 이 프로그램은 10년이 넘도록 꾸준한 시청률을
유지하고 있다. 2011년, 묶인 채로 처참히 폭행을 당한 진돗개 황구의 몰골이 브라운관에
비쳤을 때 시청자들은 분노에 휩싸였다. 회생할 수 없어 보였던 황구는 다행히 한쪽 눈을 잃
은 채 기력을 회복해 갔고, 마음씨 좋은 사람에게 입양되어 '극복'이라는 새 이름을 얻었다.
사람들은 안도의 숨을 내쉬었다. 하지만 동물보호법에 따라 처벌받아야 할 범인은 끝내 놓
치고 말았다. 인터넷에서는 범인 체포를 위한 서명운동이 벌어졌고 동물을 생각하는 국회
의원들은 뜻을 모아 '동물보호법 개정안'을 국회에 발의했다. 범인을 잡는다 해도 벌금형을
내릴 수 있을 뿐 황구의 소유권을 박탈할 수 없는 법의 허술함을 보완하기 위해서였다.
개정안이 통과되어, 우선 학대받은 동물은 주인에게 3일 이상 격리하여 보호할 수 있도록
했다. 동물학대 처벌을 강화해 벌금은 물론이고 징역도 가능해졌다. 미흡한 부분은 꾸준히
개정되었다. 반려동물등록제가 전국적으로 시행되었고 '동물복지 축산농장 인증제도'가 처
음으로 마련되었다. 국가에서 '동물복지위원회'를 설립하도록 규정한 법안도 있다. 드디어
한국 동물보호법에도 동물복지의 개념이 들어선 것이다.

2012년 이후 동물보호법은 혁신적으로 발돋움했다. 하지만 여전히 많은 내용이 '노력하여야 한다'는 권고사항에 불과했다. 좁은 철창 우리 안에 개들을 빽빽이 실어 넣고 여객선에 올라탄 끔찍한 화물차 주인과, 솟값 폭락에 항의하기 위해 자신의 소 33마리를 굶겨 죽인 농장 주인은 거센 비난에 시달렸지만, 처벌을 받진 않았다. 미비한 현행 동물보호법으로는 동물의 운송방법에 대해 강제할 수 없고, 동물의 주인이 의도적으로 학대하지 않았다고 주장한다면 딱히 처벌할 수도 없기 때문이었다. 승용차 트렁크에 줄이 묶여 끌려다니다 목숨을 잃은 개의 주인도 법정에서 처벌을 면했다. 개가 차 안을 더럽힐까 봐서 트렁크에 묶어두었는데 '의도와 달리' 밖으로 떨어져 일어난 불상사였다는 주장을 받아들인 탓이다.

공법적인 차원에서 접근하는 동물보호법과 달리, 한국의 민법에선 아직 동물을 물건으로 규정하고 있다. 그러니, 민법에 따른 판결에선 동물과 동물 인형이 다를 바 없다. 학대받는 동물을 긴급하게 구조한 사람은 재산 절도의 죄목을 뒤집어쓸 위험까지 감수해야 하는 꼴이다.

오스트리아는 1988년 세계 최초로 동물의 법적 지위를 민법에 신설했고, 독일은 1990년에 민법을 개정해 "동물은 물건이 아니다"라는 조문을 두었다. 이어서 2002년에는 동물보호의 의무를 헌법에 명시했다. 독일의 기본 헌법 20조 내용은 다음과 같다. "국가는 미래세대를 위하여 자연적 생활 기반과 동물을 보호할 책임이 있다." 이웃한 스위스는 오스트리아와 독일의 민법을 면밀히 검토하고 보완해서 2002년에 동물의 법적 지위를 규정했다. (우리나라 법무부는 2021년 중에 동물의 법적 지위를 바꾸는 민법 개정을 추진하겠다고 밝혔다.)

한편 아르헨티나의 한 열악한 동물원에서 홀로 지내오던 오랑우탄 '산드라'는 28살의 나이에 법원에서 인격체로 인정받을 수 있었다. 2014년, 아르헨티나 법원의 판사(엘레나 리베라토리)가 산드라를 '비인간 인격체'라고 판결한 것이다. 그로부터 5년 후 산드라는 답답한 동물원을 벗어나 미국의 유인원 보호구역으로 향하는 비행기에 몸을 실었다. 산드라는 원래 독일에서 1986년에 태어났지만 1994년 아르헨티나로 옮겨졌다고 한다.

한국의 동물보호법 수준을 높이기 위해선 동물복지에 이해가 높은 후보들에게 소중한 한 표를 주어야 한다. 동물을 존중하는 의원들과 지자체장들은 동물보호가들의 의견을 경청하는 토론의 장을 벌일 것이다. 서울시가 그 본보기다. 2011년 서울시장 선거가 치러진 다음 해, 서울시는 실효성 있는 '동물보호조례'를 제정하고 동물보호 전담부서를 신설했다. 일부 국회의원들은 시민사회단체와 머리를 맞대고 동물보호법 개정에 탄력을 더했다.

2013년 5월, 국회에 전해진 동물보호법 개정안은 '동물보호법'의 명칭을 '동물복지법'으로 바꿀 것을 제안했다. 동물보호법은 '농장동물, 반려동물, 실험동물'을 대상으로 하는 것이니 보호보다는 복지가 정확하고 구체적인 표현이다. 참고로 야생동물과 동물원 동물의 보호는 농림부의 동물보호법이 아닌 환경부의 야생생물 보호 및 관리에 관한 법률에서 다루어진다.

동물보호법에서 규정하는 동물의 범위는 상당히 넓다. 동물보호법 제2조에 따라 농림축산식품부 장관이 정한 '척추동물(포유류, 조류, 파충류, 양서류, 어류)'가 그 대상이다. 개, 고양이 외에 농장동물로 익숙한 동물만 대충 읊어도 소·말·돼지·토끼·닭·오리·산양·면양·사슴·여우·밍크 등 10종류가 넘는다. 그렇지만 농림부에서 실제로 관심을 두는 농장동물의 대상은 '소, 돼지, 닭, 오리, 말' 정도가 전부라고 한다. 이 외의 동물은 모두 몇 마리가 사육되고 있는지조차 파악하기 어렵다. 동물관리에 드러나는 허점을 보완하려면 꾸준한 개정이 필요하다. 2015년에는 반려동물을 경품으로 주거나 대여하는 행위를 금지하기 위해, 2016년에는 반려동물의 택배 배송 근절과 피학대동물의 긴급격리조치를 위해 개정안이 발의되었다.

한편 유럽연합에서는 동물복지의 대상에 물고기까지, 캐나다 동물보호협회는 문어까지 포함하고 있다. 새우와 게는 포함하지 않는다. 물고기와 문어의 고통은 고려해야 하지만 새우와 게의 고통은 고려할 필요가 없다는 뜻인가? 그게 아니라 인간 때문에 생물에게 발생하는 모든 불필요한 고통을 줄여나가기 위해서, 과학적인 근거를 통해 고통에 더 민감한 생물을 먼저 포함시킨 것이다.

결국, 동물복지는 제도와 법 이전에 동물을 배려하려는 사람의 자비로운 마음이 중심에 있다.

부록 2

# 2017~2022
# 대한민국 동물복지 이슈 살펴보기

## 2017년

① 동물실험을 거쳐 만든 화장품을 유통하거나 판매하면 100만원의 과태료를 물게 하는 화장품법 개정안이 시행되었다.

② 다큐멘터리 영화 '작별'에 나와 화제가 되었던 호랑이 '크레인'이 16세의 나이로 서울 대공원에서 숨을 거뒀다. 크레인을 열악한 환경에서 사육한 '드림랜드'는 경영난으로 2015년에 폐업했다. 한편, 우리나라 최초의 동물원·수족관법이 5월부터 시행되었다.

③ 우리나라 최초의 고양이 명예역장으로 화제가 되었던 역곡역의 '다행이'가 관리 소홀로 실종되었다.

④ 계란껍질에 산란일자 및 사육 환경을 알리는 '달걀 껍데기 산란일자 표시제'가 시행되었다. 10자리 숫자 중 마지막 번호가 사육환경을 뜻한다.

⑤ 재건축을 앞두고 있는 서울 강동구 둔촌주공아파트의 길고양이 100마리를 안전하게 이주시키기 위해 '최초의 민관협력 이주 프로젝트'가 구성되었다.

⑥ 서울 강동구가 지자체 최초로 유기동물 입양카페 '강동 리본센터'를 개소했다.

⑦ 서울의 한 동물카페에서 너구리과 동물 '코아티'가 '은여우'에 물려 숨지면서, 동물카페와 같은 유사동물원을 규제해야 한다는 공론의 목소리가 커졌다.

⑧ 서울대 수의과대학 연구팀이 개농장에서 100여 마리의 식용견을 사들여 복제견 실험을 진행하고, 개들을 함부로 관리했다는 사실이 발각되었다.

⑨ 경기도 성남시는 모란가축시장 상인회와 체결한 협약에 따라 개고기 판매장의 철거를 시작했다. 모란가축시장은 한해 8만 마리 규모로 개고기가 유통되는 국내 최대의 개 시장이었다.

⑩ 전북 익산에서 5천 마리의 산란계를 키우는 '참사랑 동물복지농장'이 정부의 조류독감 예방적살처분 명령을 거부해, 전북환경시민상을 수상했다.

⑪ 농림축산식품부는 2025년까지 모든 산란계 농가의 1마리당 최소 사육 면적을 0.05㎡에서 0.075㎡로 개선시키겠다고 밝혔다.

⑫ 울산 장생포 고래생태체험관이 일본에서 돌고래 2마리 수입을 강행했고, 그중 한 마리가 도착한지 닷새 만에 죽었다.

# 2018년

① 동물보호법 개정안 시행으로 반려동물 번식장은 지방자치단체의 허가를 받아야만 운영할 수 있게 되었다. 허가받지 않은 유료 가정분양 또한 불법이다. 동물학대 행위가 보다 구체화되었고, 적정 사육환경과 관리에 대한 내용이 추가되어 '애니멀 호더'를 처벌할 근거가 생겼다.

② 경기도가 지자체 최초로 '동물 특별사법경찰관 제도'를 도입했다. 특별사법경찰관은 동물학대 행위 적발, 불법 도축현장 급습, 미등록 동물 판매·전시업장 단속 등을 수행하며, 일반 경찰처럼 고발권과 수사권이 있다.

③ 서울시가 혼자 거주하는 동물보호자의 불가피한 사유로 반려동물이 방치되었을 경우 소유권을 이전받는 '긴급 보호동물 인수제'를 시작했다.

④ 환경부의 '야생생물 보호 및 관리에 관한 법률' 일부 개정안이 의결되어 일본 다이지와 같이 잔인한 방법으로 돌고래를 포획하는 곳에서의 돌고래 수입이 금지되었다.

⑤ 2006년부터 전남 광양시 지역의 유기동물 관리를 위탁받아온 동물병원이 유기견을 개장수에게 넘기다 적발되어 폐쇄 조치를 받았다.

⑥ 한국헌혈견협회가 출범해 국내 개 헌혈 캠페인을 시작했다. 2015년 동물병원에 혈액을 공급하는 '공혈견'들의 열악한 사육 실태가 세상에 드러난 것이 계기가 되었다. 한편, 고양이병원 백산동물병원은 2015년에 시작한 '고양이 헌혈 프로그램'의 내용을 개정했다.

⑦ 전국에서 반려동물 수가 가장 많은 경기도에 4개팀 19명으로 구성된 '동물보호과'가 신설됐다. 농림축산식품부는 '동물복지정책팀'을 신설했다.

⑧ 재개발·재건축지역의 길고양이를 보호하는 '캣로드사업'의 일환으로 서울 둔촌주공 아파트와 경기도 안양시 재개발 지역에 살던 길고양이 40여 마리가 충북 진천군 선촌 서당으로 이주했다.

⑨ 에버랜드의 북극곰 '통키'가 북극곰 사육 환경이 우수한 영국 요크셔동물원으로 옮겨 질 날을 앞두고, 고령의 나이로 숨졌다. 한편 사육사를 숨지게 해 3년 간 8평 실내에 갇혀있던 서울어린이대공원의 사자 가족이 미국 덴버의 야생동물보호소로 옮겨졌다.

⑩ '동물축제 반대 축제'에 참여한 천명선 교수는 2013~2015년 전국에서 동물을 이용 한 축제 86개 중 84%가 강원도 화천의 '산천어 축제'처럼 동물에 심각한 위해를 가했 다고 발표했다.

⑪ 대전오월드에서 퓨마 '뽀롱이'가 열려 있는 사육장 문을 빠져나왔다가 4시간 만에 사 살되었고, 충남칠갑산자연휴양림에서는 일본 원숭이가 사육장을 탈출한지 17일 만에 사살되었다.

⑫ 사육곰 농장에 갇혀있는 540마리의 반달가슴곰 중 '반이, 달이, 곰이' 3마리가 구조 되어 청주동물원과 전주동물원으로 옮겨졌다.

# 2019년

① 2015년에 발족한 국회 의원연구단체 '동물복지국회포럼'이 '대한민국 동물복지대상'을 처음으로 개최했다. '버려진 동물을 위한 수의사회'가 대상을 받았고, 예방적 살처분 명령을 거부한 '참사랑 동물복지농장' 대표가 우수상을 받았다.

② 경기도 하남시의 한 '실내동물원'을 방문한 영국 '본프리 재단'의 대표는 최악의 환경이라는 의견을 밝혔다. 전국에 등록된 동물원· 수족관 107개 업체(2018년 9월 기준) 중 실내 동물원은 58곳에 달했고, 어린이집과 문화센터 등을 찾아가 동물을 구경시키는 '이동동물원'도 문제로 떠올랐다.

③ 강원도 고성의 산불에서 화상을 크게 입고 살아남은 가축들이 방치되자, 동물자유연대와 수의사협회가 일주일 동안 무료 진료를 시행했다.

④ 서울대공원에서 제주도로 방류된 돌고래와는 종과 원서식지가 달라 홀로 남겨진 일본 태생의 돌고래 '태지'가 고령의 나이 등을 고려해 결국 제주도의 한 사설수족관에 위탁되었다.

⑤ 인천공항센터 검역 탐지견 '메이'가 은퇴 후 서울대 수의과대에서 동물실험에 이용되었던 것이 밝혀졌다. 메이는 원인불명의 건강악화로 숨졌다. 농림축산검역본부는 탐지견을 포함한 사역동물의 처우를 개선하기로 하고 '실험 후 동물 분양 안내서'를 발간했다.

⑥ 서울 경의선숲길에서 길고양이를 잔혹하게 살해한 범인에게 징역 6개월 실형이 선고됐다. 1991년 동물보호법 제정 이후 동물학대법 위반으로 실형이 선고된 첫 번째 사례다.

⑦ 동물복지 인증을 받은 축산농장은 총 262곳이 되었다. 축종별로 산란계 144곳, 육계 89곳, 양돈 18곳, 젖소 11곳이다.

⑧ 곰 보금자리 프로젝트가 사육곰 농장에 갇혀있는 곰들을 위해 해먹을 설치하고, 단호박을 제공하는 활동을 시작했다.

⑨ 소싸움 경기를 유치하는 11개 지자체 중 전북 정읍시가 유일하게 소싸움 예산을 삭감했다.

⑩ 전국 3대 개시장으로 불리며 60년 동안 존속했던 부산 구포개시장이 완전히 폐업했고, 해당 상인들은 모두 업종 전환에 동참했다. 한편, 서울시는 '개 도축 제로 도시'를 선언했다.

⑪ 인터넷 생방송 도중 자신의 반려견을 수차례 폭행한 유튜버가 동물학대 혐의로 기소되었고, 집행유예 2년·벌금 200만원·160시간의 사회봉사가 선고되었다.

⑫ 경북대 수의과대학은 실습견을 이용한 실습 과정에서 동물학대가 일어나고 있다는 전공학생의 문제제기가 공론화되자, 살아있는 동물을 이용한 모든 실습을 잠정 중단했다. 한편 건국대 수의과대학은 '실습용 동물마네킹'을 국내 수의과대학 최초로 수업에 도입했다.

⑬ 롯데월드 아쿠아리움은 3마리 중 홀로 살아남아 이상행동을 보이는 벨루가를 바다로 돌려보낼 것이라 발표했다.

⑭ 반려견 전용 놀이터가 있는 고속도로 휴게소가 13곳으로 늘어났다.

⑮ 1600여 마리의 유기견들이 적절한 관리를 받지 못해 '개들의 지옥'이라 불렸던 국내 최대 규모 유기견 사설보호소 '애린원'이 강제로 해체되고, '비글구조네트워크 포천쉼터'로 전환되었다.


## 2020년

① 동물보호법 개정안 시행으로 '미성년자의 동물 해부실습'이 원칙적으로 금지되었지만, 동물보호단체들은 예외 규정이 광범위하다며 반발했다.

② 새로 허가를 받는 양돈 농가는 반드시 개방적인 군사(무리 기르기) 시설을 마련해야 한다. 어미돼지가 새끼를 가진 후 6주까지는 폐쇄형 스톨에서 사육할 수 있지만, 이후에는 군사공간으로 옮겨야 한다는 '축산법 시행령·시행 규칙'에 따라서다.

③ 전류가 통하는 쇠꼬챙이를 이용해 개를 도축하는 '전살법'이 동물보호법이 금지하는 '잔인한 도살'에 해당된다는 대법원 판결이 나왔다.

④ 전주시가 전국 최초로 재난 발생 때 반려동물을 보호하기 위한 생존배낭을 제작했다. 전주시는 2019년에 전국 최초로 동물복지 전담부서를 설치했고, 길고양이 급식소 20개를 직접 운영하며, 길고양이 중성화 사업을 추진하고 있다.

⑤ 서울대공원이 2019년에 미국동물원수족관협회AZA의 국제인증을 획득하는 과정에서 동물복지에 적합하지 않다고 지적받은 '알락꼬리여우원숭이'의 사육사를 개선하지 않고, 대신 21마리의 원숭이를 모두 부산과 대구의 유사동물원에 넘겨버린 사실이 드러났다.

⑥ 동물보호단체 '카라'가 '미디어 동물학대 설문조사'를 실시했고, 응답자의 70%가 동물학대 영상을 본 적이 있다고 답했다. 카라는 이를 바탕으로 국내 최초 '동물 출연 미디어 가이드라인'을 발표했다.

⑦ 김광만 교수와 권재성 조교수가 참여한 국제공동연구팀이 전 세계 의료기기 업계에서 토끼 자극 테스트를 완전히 사라지게 할 대체시험법을 개발해, '러쉬 프라이즈' 로비 특별상을 수상했다. 이로서 '러쉬 프라이즈' 수상자에 4회 연속 한국인이 포함되었다.

⑧ 세계 최대 경주마 기업이 제주 말 도축장에서 은퇴 경주마를 폭행하며 도축한 학대 사건을 문제 삼아, 한국의 은퇴 경주마 처우가 나아질 때까지 말을 수출하지 않겠다고 밝혔다.

⑨ 통계청이 '인구주택총조사' 항목에 반려동물 사육 여부와 마릿수 등을 포함시켰다. 반려동물에 대한 전국 단위조사는 처음이다.

⑩ 경기도와 제주도에 '마당개 중성화 수술 지원사업'이 시범적으로 도입되었다. 한편, 경기도는 동물보호과 내에 동물복지팀을 신설했다.

⑪ 코로나19 사태가 지속되자 수익 창출이 악화되면 동물들의 먹이공급마저 어려워지는 '유사 동물원'의 동물복지 문제가 부각되었다.

⑫ 청주동물원이 동물관리규정을 개정하며, 동물을 값에 따라 분류하는 관행을 국내 동물원 최초로 폐지했다.

⑬ 2021년 정부 예산에 사육곰·반달곰 보호시설 설계비 예산 2억5천만 원이 확정되었다. 전국 28개 농가에는 사육곰은 모두 423마리의 사육곰이 남아있지만(9월 기준), 보호시설 대상은 2016년 이래 사육곰 농가에서 불법 증식된 36마리의 반달곰과 지리산 복원에 실패한 반달곰 등에 불과하다.

⑭ 서울 광진구는 '반려인 사전교육 시범사업'을 실시할 것이라 예고했다. 2021년부터 반려동물을 입양하려는 광진구민은 미리 교육을 받아야 한다. 대신 2022년 동물보호법 개정 이후 전 국민에게 적용되는 반려동물 입양 사전교육은 면제받는다.

⑮ 울산 고래생태체험관 수족관에서 돌고래 '고아롱'이 폐사했다. 2009년 개장 이래 8번째로 폐사한 돌고래다. 제주도 마린파크에서는 돌고래 '안덕이'가, 전남 여수 한화 아쿠아플라넷에서는 벨루가 3마리 중 1마리가 폐사했다.

⑯ 롯데월드 아쿠아리움은 벨루가 자연 방류를 위한 기술위원회를 발족했다. 반면, 경남 거제씨월드는 돌고래나 벨루가의 등에 올라타거나 신체를 접촉하는 체험 상품을 운영해 비판받았다.

⑰ 전북 정읍시에서 유기동물 보호 업무를 위탁한 동물병원이 유기견을 안락사한 것처럼 꾸미고 식용견 농장에 넘기다 적발되었다. 경북 울진, 경남 고성, 전남 보성 등에서도 지자체에서 위탁받은 유기동물을 비인도적으로 처리한 수의사들의 실태가 발각되었다. 반면, 쾌적한 시설을 갖추고 안락사가 없기로 유명했던 군산유기동물보호소는 개체 수 증가를 감당할 수 없어 첫 번째 안락사를 시행했다.

⑱ 부산시가 재개발·재건축 정비계획에 길고양이 보호조치를 포함하도록 권고하는 조례를 공포하고 시행했다. 충남 천안시는 시청 부지 안에 길고양이 쉼터 '캣시티'를 조성했다.

⑲ 경기도가 내장형 칩으로 반려견을 등록하면, 반려동물 보험에 1년간 자동으로 가입되는 지원사업을 남양주·과천·성남시에서 시행했다.

⑳ 경찰청이 국정감사에서 부실하다고 지적받은 '동물학대사범 수사매뉴얼'을 동물보호단체와 상의해 개정하겠다고 밝혔다. 동물보호법 위반 사건은 2010년 69건에서 2020년 992건으로 급증했다.

㉑ 서울시가 길고양이 등 재개발 구역 내 동물의 구조와 보호를 위해 노력하고, 경비를 지원할 수 있다는 내용을 동물보호 조례에 추가했다. 또 '사각지대 유기동물 구조단'과 '유기동물 응급의료센터'를 연계해 전국 최초로 24시간 유기동물 보호체계를 구축했다.

㉒ 서울대공원이 더 이상 돌고래가 없는 과거의 돌고래쇼 시설을 '돌고래 이야기관'으로 꾸며 개장했다.

㉓ 환경부는 '산천어축제'처럼 양식된 물고기를 옮겨와 관광객이 맨손으로 잡게 하는 행위가 동물복지를 침해 한다 판단하고, '생물을 주제로 한 축제 및 체험활동'에 대한 가이드라인을 내놓을 것이라 발표했다.

㉔ 환경부는 동물원을 '허가제'로 바꾸고, 개인이나 법인의 야생동물 소유도 제한하는 '제1차 동물원 관리 종합계획'(2021~2025년)을 마련했다. 라쿤카페 같은 야생동물 카페가 금지되고 실내동물원이 규제될 전망이다. 한편, 환경부는 '생태계위해우려생물' 첫 번째로 라쿤을 지정했다.

㉕ 해양수산부는 '수족관 돌고래 복지향상 협의체'를 구성했고, '제1차 수족관 관리 종합 계획(2021~2025년)'을 마련했다. 이로써 수족관 또한 '허가제'로 바뀌고, 신규 수족 관의 고래류 사육은 전면 금지된다. 해양수산부는 해양 동물 체험에 대한 금지 행위를 규정하고, 수족관의 동물복지 수준을 평가해 모범사례를 발굴할 계획이다.

㉖ 농림축산식품부가 '제1차 동물복지 종합계획'(2015~2019)에 이어 '제2차 동물복지 종합계획'(2020년~2024년)을 발표했다. 이에 따라 산란계의 '강제환우'는 전면 금지 됐다.

| 6대 분야 | 연도별 정책 주요 과제 추진 로드맵 | | | | |
|---|---|---|---|---|---|
| | 2020 | 2021 | 2022 | 2023 | 2024 |
| 동물보호·복지 인식 개선 | ▶소유자 명의로 동물등록 신청 후 판매 의무화 | ▶동물학대 처벌 강화 <br> ▶외출시 목줄 길이 제한 | ▶소유자 의무 교육 확대 <br> ▶기질평가 도입 <br> ▶학대행위 범위 확대 | | |
| 반려동물 영업관리 강화 | ▶생산업 서비스업 기준 개선 | ▶무허가 영업 처벌 강화 | ▶인터넷 반려동물 판매 광고 제한 | ▶반려동물 국가 자격 운영 | ▶반려동물 이력 시스템 운영 |
| 유기·피학대 동물 보호 수준 제고 | ▶지자체 동물 보호센터 기준 강화 방안 마련 | ▶동물 인수제 근거 마련 <br> ▶피학대 동물 구조 범위 확대 | ▶사설보호소 신고제 도입 | | |
| 농장동물 복지 개선 | ▶사육단계 동물복지 기준 적용 | ▶동물복지축산 인증기관 개편 | ▶운송·도축단계 기준 강화 적용 | ▶동물복지축산 인증범위 확대 | |
| 동물실험 윤리성 제고 | ▶사역동물 실험 요건 강화 | ▶동물실험계획 심의 범위 확대 | | ▶대체시험법 보급 포털 구축 | |
| 동물보호·복지 거버넌스 확립 | ▶인구총조사에 반려동물 사육 여부 포함 | ▶동물복지위원회 개편 | | ▶동물보호 전문 기관 구축 | |

▲ 농림축산식품부 제2차 동물복지 종합계획 주요 과제 추진 로드맵

# 2021년

① 동물보호법 개정안 시행으로 학대·유기·맹견 관리에 대한 처벌이 강화되었고, 동물판매업자의 구매자 명의 동물등록 신청이 의무화 되었다. 국토교통부와 해양경찰청에서 수색에 이용한 경찰견 또한 동물실험 금지 대상으로 추가 지정되었다. 미성년자의 동물 해부 실습은 심의를 거친 경우에만 허용하도록 했다.

② 동물보호법 개정안에는 새로운 농장동물 사육·관리 기준도 포함되었다. 가령 농장주는 육계에게 6시간 이상 연속된 암기를 제공하고 돼지에게는 8시간 이상 연속된 명기를 제공해야 한다. 돼지의 송곳니 발치·절치 및 거세는 고통을 줄이기 위해 생후 7일 이내에 수행하도록 한다.

③ 농림축산검역본부의 2020년 반려동물 보호와 복지관리 실태에 관한 조사 결과 전국 동물보호센터 280곳 중에서 부산시가 운영하는 기관은 5곳에 불과했다. 유실·유기 동물 수는 130,401마리였다.

④ 서울특별시의회 동물복지증진 특별위원회가 출범했고, 서울시 은평구는 동물보호팀을 가족정책과 소속의 반려동물팀으로 변경했다. 서울시 서대문구는 반려견 친화형 청년주택 '견우일가' 입주식을 개최했다. 각 가구에는 초인종 대신 빛을 이용한 '초인등'을 설치했다. 서울시 관악구 '동물과 함께하는 관악구의원 연구회'는 큰 부상을 당한 유기동물이 입양 전에 치료받게 하는 정책을 전국 지자체 최초로 시행시켰다.

⑤ 서울시와 경남 창원시는 동물보호센터에서 유기견을 입양하는 시민에게 반려동물보험을 1년간 지원하는 사업을 실시했다. 울산시는 구·군의 동물보호 감시원 11명 전원을 동물보호 특별사법경찰관리로 전환하고 '동물보호 특별사법경찰 연합체' 발대식을 개최했다.

⑥ 경기도 용인시에서 탈출한 사육곰을 포획하는 과정에서 2마리가 사살되었다. 농장주는 불법 도축, 허위 증언으로 구속되어 한강유역환경청은 사육곰 관리를 야생생물관리협회에 위탁했다. 환경부는 경기도 여주시 사육곰 농가에서 불법 증식으로 태어난 반달곰 2마리를 압수해 청주동물원에 임시 보호를 맡겼고, 연말까지 곰 사육 종식 이행 계획안을 마련하겠다고 밝혔다. 한편 강원도 화천군의 사육곰 농장주는 15마리 소유권을 동물보호단체 '카라'와 '곰 보금자리 프로젝트'에 인계했다. 전국 26개 농가에서 기르는 사육곰 개체 수는 9월 기준 369마리다.

⑦ 경기도 동물보호과는 '좋은냥이 좋은사람들'의 제안으로 수원 시내 일대에 길고양이 로드킬 안전 표지물 50여 개를 설치했고, 경기도교육연구원은 공공 교육기관 최초로 길고양이 공식 급식소를 설치했다.

⑧ 경기도 화성시의 산란계 동물복지 축산농장 '산안마을'이 AI 예방적 살처분을 두 달 가까이 거부했지만, 끝내 행정명령을 받아들여 닭 3만7천 마리를 살처분했다. 이후 농림축산식품부는 농장을 대상으로 '질병관리등급제'를 시범 도입했다. 경기도는 일부에서 살아있는 가축을 매몰했다는 지적이 나오자 살처분 농가에 가축방역관과 감독관을 각각 2인 이상 의무 배치하고 필요시 동물보호명예감시원도 입회를 시키겠다는 방침을 내놓았다.

⑨ 전남 해남군 '만희농장'이 동물복지 축산농장 인증제도 시행 10년 만에 한우농가 중에서 최초로 동물복지 축산농장 인증을 받았다. 한편, 농림축산식품부는 사육밀도를 초과한 한우 농가에 대해 현장점검 및 과태료 처분 조치에 나섰다.

⑩ 경찰청은 2017년에 발간된 16쪽 분량의 '동물학대사범 수사매뉴얼'을 대폭 보완해 130쪽 분량으로 개정했다. 또 급증하는 동물학대 사건에 신속히 대응하기 위해 112 식별코드에 '동물학대 식별코드'를 따로 부여였다.

⑪ 전남 진도군에서 20여 년간 식용으로 개를 사육한 농장주의 불법도살 행위가 적발되었고, 그곳에서 구조한 개 65마리 중 11마리는 인식칩이 내장된 국가관리 진돗개(진도개)로 밝혀졌다. 1976년에 제정된 한국진도개 보호·육성법이 농가 소득 증대에만 초점을 맞추었다는 지적에 따라, 국회 의원회관에서 진도개법 개정 방향을 논의하는 토론회가 열렸다.

⑫ 한국마사회는 기존의 '말 복지 가이드라인'에 경주 퇴역마와 교배·번식에 투입되는 말에 대한 세부 가이드라인 2종을 추가로 발표했다.

⑬ 경기도 남양주시에서 불법 개농장 인근을 산책하던 50대 여성이 방치된 대형견에게 공격을 당해 사망했다. 정부는 개물림 사고를 방지하기 위해 기질평가제를 도입할 것이라 밝혔다.

⑭ 충북대 수의대 교수 연구팀이 비글 두 마리의 한쪽 눈을 각각 적출한 뒤 3D프린팅 인공 눈을 시술했다는 논문이 국제 학술지에 실리자 국내·외에서 거센 연구 윤리 비판이 일었다. 두 마리의 비글은 실험 후 안락사 되었다.

⑮ 농림축산검역본부와 식품의약품안전처는 동물실험에 쓰이는 작은 설치류에게 터널이나 이로 갉을 수 있는 재료를 제공토록 하는 '환경 풍부화' 등을 권고하기 위해 '위원회(IACUC)를 위한 표준운영지침'을 개정했다.

⑯ 지난 5년간 소방청에서 은퇴한 119 구조견 21마리는 모두 민간에 입양됐지만, 관세청의 은퇴 탐지견은 30마리 중 13마리만 입양된 것으로 나타났다. 관세청은 2020년부터 8주간의 사회화 훈련을 도입했으며, 입양이 적더라도 양육 조건을 엄격히 심사하는 것이 우선이라고 해명했다. 경기도 고양시는 전국 지자체 최초로 은퇴한 특수목적견을 입양하는 자에게 의료비를 지원하는 규정을 마련했다.

⑰ 길고양이와 토끼 등을 잔혹하게 죽이는 영상과 사진을 공유한 오픈채팅방 '고어전문 방'의 실태가 폭로되었다. 주요 피의자가 재판에 넘겨졌지만 1심 판결은 징역 4개 월·집행유예 2년에 그쳤다.

⑱ 통계청은 2020 인구주택총조사에서 반려동물 양육 여부를 반영한 결과 전국에서 반 려동물을 키우는 가구 수는 312만 9천이라고 발표했다. 이는 전체 일반가구 수의 15% 정도로 이전에 시행된 각종 조사 결과에 비해 절반에 불과한 수치다.

⑲ 농촌진흥청과 경상국립대학교는 돼지가 입으로 물거나 코로 밀면서 다룰 수 있는 놀이 기구 2종을 개발했다. 농림축산검역본부와 식생활교육국민네트워크는 어린이집과 유 치원을 대상으로 농장동물에 대한 동물복지 교육 자료를 제작해 배포했다.

⑳ 법무부는 '동물은 물건이 아니다'라는 선언을 제98조2로 신설한 민법 개정안을 국회 에 제출했다.

㉑ 제주 마린파크의 큰돌고래 '낙원이', 아쿠아플라넷 여수의 벨루가 '루오' 등 수족관 고 래류 5마리가 목숨을 잃었다. 제주도 퍼시픽리솜은 고래류 3마리를 방류하겠다는 입 장을 냈고, 롯데월드 아쿠아리움은 벨루가 '벨라'의 방류를 약속한 지 2년 만에 야생 방류 추진 계획을 발표했다. 해양수산부는 '돌고래 바다쉼터 타당성 조사 용역과 기본 계획 수립'에 쓰일 예산 2억 원을 2022년 예산안에 넣었지만 전액 삭감되고 말았다. 국내 수족관에 남은 고래류는 모두 22마리다.

㉒ 농림축산식품부는 '개식용 문제 논의를 위한 위원회'를 12월 9일에 공식 출범시켰고, 2022년 4월까지 개식용 관련 업계 실태조사와 대국민 인식조사를 통해 범정부 추진 방안을 내놓을 계획이라고 밝혔다.

## 2022년

(1) KBS는 드라마 〈태종 이방원〉에 출연했던 퇴역 경주마 '까미'를 강제로 넘어뜨린 학대 촬영 논란에 대해 사과문을 발표하고, 출연 동물의 안전을 보장하기 위한 제작 가이드라인 조항을 새롭게 마련하기로 했다.

(2) 한국마사회는 1마리당 최대 600만 원을 지원하는 '경주마 재활 지원 프로그램'을 도입해 재활이 필요한 경주마 20마리를 선정했다.

(3) 유럽 농장동물 복지를 위해 1967년에 설립된 국제동물보호단체 CIWF는 '동물을 위한 행동'과 공동으로 한국의 도축장 실태를 조사하고 도축 과정 개선을 촉구하는 발표회를 열었다.

(4) 갤러리아백화점은 동물자유연대와 양해각서를 체결하고, 2023년까지 전국 모든 사업장에서 '케이지 프리Cage Free' 달걀만 판매하기로 했다.

(5) 농림축산식품부는 반려묘 등록 시범사업을 전국으로 확대했다. 반려묘 등록은 내장형 방식으로만 가능하다.

(6) 경기도 광명시는 '광명길고양이친구들'과 협력하여 개발지역동물돌봄센터 '길동무'를 개소하고 재개발 현장에서 구출한 고양이 25마리를 보호했다.

(7) 동물위탁관리업에 이어 동물 미용업·운송업도 CCTV 설치가 의무화되었다.

⑧ 수의사가 수술과 같은 중대 진료를 할 경우 동물 소유주에게 수술 필요성과 부작용 등을 미리 설명하고 서면 동의를 받도록 하는 '수의사법 일부 개정 법률안'이 시행되었다.

⑨ 동물자유연대는 강원도의 한 농장에서 구조한 사육곰 22마리를 미국 콜로라도주 덴버 인근의 야생동물 생츄어리로 이송했다.

⑩ 서울대공원은 침팬지 남매 '광복이'와 '관순이' 반출 논란을 계기로 동물보호단체와 논의를 거쳐, 동물 매매 중개업체에 의존하지 않는 동물 반입·반출 가이드라인을 제작하기로 했다.

⑪ 서울시 자치경찰위원회는 서울 반려견 순찰대를 5개 자치구로 확대해 운영하기 시작했다.

⑫ 서울시는 자치구별 '우리동네 동물병원'을 58개소로 확충하고, 지원 규모도 1500마리까지 확대한다. 또한 추후 2년간 '저소득층 시민 대상 반려동물 장례'를 지원한다. 서울 서초구는 송파구에 이어 로드킬 당한 반려동물의 주인을 찾아주기로 했다.

⑬ 식품의약품안전처는 마우스나 기니피그에 약물을 투여하고 7일간 관찰하는 '이상독성부정시험'을 생물학적 제제의 법적 규제시험에서 삭제했다.

⑭ 서울시교육청은 2018년 동물복지교육 시범학교로 선정된 초등학교에서 토끼 39마리를 산속에 유기하자, 유치원·초중고교 내 동물사육 실태를 전수조사할 예정이라고 밝혔다.

⑮ 코로나19 사태로 경영이 어려워지자 장기간 동물들을 방치한 대구의 체험동물원 운영자가 동물보호법 위반 등의 혐의로 기소됐다. 동물원 운영자가 동물 학대 혐의로 재판받는 첫 사례였고, 1심에서 징역형의 집행유예를 선고받았다.

⑯ '2022 대한민국 동물복지대상'에서 국회의장상은 한국헌혈견협회가 수상했다. 동물 학대 사건 수사에서 공을 세운 백용식 경감과 김영준 수사관은 각각 환경부 장관상과 농림축산식품부 장관상을 받았다.

⑰ 환경부는 '곰 사육 종식 이행계획'을 통해 2026년부터 곰 사육을 전면 금지하고 보호 시설을 조성할 것이라 밝혔다.

⑱ 동물보호법이 만들어진 1991년 이후 31년 만에 대대적으로 정비된 '동물보호법 전부개정안'이 4월 26일에 공포됐다. 동물복지국회포럼은 이번 개정안을 '동물복지 향상 종합판'이라고 자평했다.

⑲ '야생생물법 일부개정법률안'이 공포되어 2023년 12월 14일부터 동물카페와 이동동물원에서 야생동물 전시가 금지된다. 전국 159개 야생동물 카페는 신고한 보유 동물에 한정하여 2027년 12월까지 전시금지를 유예할 수 있다. 환경부는 야생동물 카페 11곳과 협약을 맺고 '라쿤' 총 28마리에 내장형 무선식별장치를 삽입했다. 라쿤은 생태계위해우려 생물이다.

⑳ '동물원·수족관법 전부개정법률안'이 공포되어 2023년 12월 14일부터 동물원·수족관 등록제가 허가제로 바뀌고, 전문검사관제도가 도입된다. 지금의 동물원과 수족관은 2028년 12월까지 허가를 다시 받아야 한다.

# 도움 받은 인터넷 공간

## 정보 공유

조홍섭 기자의 물바람숲 ecotopia.hani.co.kr

20년 넘게 환경문제를 다뤄 온 우리나라의 대표적인 환경전문 조홍섭 기자가 운영하는 웹진. 환경·생태 분야에서 주요한 뉴스와 얘깃거리를 공유한다.

애니멀피플 www.hani.co.kr/arti/animalpeople

한겨레신문에서 동물뉴스를 심층적으로 다루는 온라인 매체. 2019 동물복지대상 특별상을 수상했다.

노견, 외출 고양이, 그리고 길고양이 blog.naver.com/animalbook

동물과 인간의 공존을 주제로 꾸준히 책을 만들고 있는 1인 출판사 '책공장더불어'의 블로그. 특히, 반려동물에 대한 내용이 알차고 풍성하다.

동물공감 blog.naver.com/animalandhuman

한국일보와 네이버가 합작으로 설립한 '동물 그리고 사람 이야기'가 운영하는 반려동물 중심의 뉴스 매체.


작별 & 어느 날 그 길에서 blog.naver.com/oneday2008

잡식가족의 딜레마 blog.naver.com/dilemma_2015

인간과 비인간 동물의 관계를 주제로 작업하는 황윤 감독의 다큐멘터리영화 블로그. 〈작별〉은 새끼호랑이 크레인을 중심으로 동물원에서 살아가는 야생동물의 삶을, 〈어느 날그 길에서〉는 로드킬로 사라져 가는 야생동물들의 삶을 보여준다. 〈잡식가족의 딜레마〉(2015년 베를린영화제 초청 및 극장 개봉작)은 공장식 축산의 비윤리성, 농장동물의 존엄성과 권리, 대안적 농장, 채식, 동물을 먹는다는 것을 둘러싼 윤리와 건강 문제 등을 아이를 키우는 엄마(황윤 감독)의 입장에서 풀었다.


데일리벳 www.dailyvet.co.kr

수의사를 대상으로 수의정책, 학술학회, 동물복지 이슈 등을 심도 있게 전하는 인터넷 신문.


동물보호관리시스템 animal.go.kr

농림부의 동물보호 정책을 총괄적으로 안내하는 홈페이지. 정부에 등록된 반려동물의 등록번호를 알고 있다면 여기서 바로 조회해볼 수 있다. 1577-0954

# 동물보호단체

동물자유연대 www.animals.or.kr

반려동물을 중심으로 전반적인 동물 문제 해결을 앞당기기 위해 폭넓은 활동을 펼치고 있다.
2013년, 경기도 남양주에 반려동물복지센터 '온(ON)'을 설립했다.


동물권행동 카라 www.ekara.org

동물보호 활동으로 2012년 환경재단에서 수여하는 '세상을 밝게 만든 사람들'에 선정되었
다. 2020년, 경기도 파주시에 반려동물복지센터 '더봄센터'를 설립했다.


동물권단체 케어 www.fromcare.org

유기동물, 학대받는 동물의 긴급 구조와 보호에 주력한다. 2012년, 국내 최초의 구호동물
입양센터를 서울 충무로에 설립했다.


핫핑크돌핀스 cafe.daum.net/hotpinkdolphins

제돌이 사건을 계기로 제주도의 강정 마을에서 작은 모임으로 결성되었다. 수족관 돌고래 해
방 운동과 해양생태계 보전 영역에서 활약하는 단체다.


곰 보금자리 프로젝트 www.projectmoonbear.org

좁은 철창에 갇힌 사육곰을 위해 해먹을 제작하고 설치하는 활동을 시작했다. 사육곰 구조와
생츄어리 설립을 목표로 캠페인을 펼친다.


동물복지문제연구소 어웨어 www.aware.kr

동물의 사회적 지위와 복지기준을 향상시키는 것을 목표로 정책을 연구하고 개발한다. '시골
개, 1미터의 삶' 캠페인을 진행해 많은 호응을 얻기도 했다.

버려진 동물들을 위한 수의사회 www.facebook.com/koreavcaa

유기동물이 처한 현실에 도움을 주기 위해 결성된 수의사들의 모임이다. 순수 의료봉사 활동
과 유기동물 관련 정책 계발에 노력한다.


생명체학대방지포럼 www.voice4animals.org

동물실험 윤리에 대해 전문적인 지식과 견해를 갖춘 곳이다. 2012년에는 정치권의 선거공
약으로 동물 정책안을 이끌어내는 활동에서 성과를 거두었다.


동물을 위한 행동 www.actionforanimals.or.kr

동물원의 동물복지 문제를 전문적으로 다루며 동물원의 상황을 감시하고, 동물쇼에 반대하
는 활동을 펼치고 있다.


## 환경단체


녹색연합 www.greenkorea.org

백두대간, 비무장지대 등의 생태보존 캠페인과 더불어 한국의 야생동물을 보호하는 활동을
전문적으로 펼쳐왔다. 2005년부터는 곰 사육 폐지 활동에 앞장서고 있다.


환경운동연합 www.kfem.or.kr

세계의 대표적인 환경 단체들과 가장 활발하게 연대하는 환경 단체로 거의 모든 환경문제에
대해 전문성을 지니고 있다. 동물보호 영역에서는 고래종 보호 활동이 돋보인다.

**사람과 동물의 공존을 위한 필수 교양서**

# 동물복지의 시대가 열렸다

2021년 4월 5일 개정판 1쇄 펴냄
2023년 7월 1일 개정판 4쇄 펴냄

지은이     박하재홍
펴낸이     이미경

디자인     손지은
일러스트    김성라
제작       올인피앤비

펴낸곳     도서출판 슬로비
            등록 제2013-000148호
            전화 070-4413-3037
            이메일 slobbiebook@naver.com
            블로그 blog.naver.com/slobbiebook

ISBN      979-11-87135-18-0(03330)

**이 책은 한국출판문화산업진흥원의 출판지원사업 당선작입니다.**

• 2013년 출간한 『돼지도 장난감이 필요해: 우리가 알아야 할 동물복지의 모든 것』을
  개정·증보하여 펴냈습니다.
• 이 책에 실린 글과 그림을 재사용하려면 도서출판 슬로비의 서면 동의를 받아야 합니다.
• 이 책의 본문은 '을유1945' 서체를 사용했습니다